法政大学イノベーション・マネジメント研究センター叢書 | 14

メディアの循環
「伝えるメカニズム」

岩崎達也・小川孔輔 編著

生産性出版

プロローグ

新しい概念の発見と
メディア研究の貢献

　本書は、「公益財団法人 吉田秀雄記念事業財団 助成研究」(2014〜15年度) によって行われたリサーチ「ソーシャルメディア環境下での情報伝播・拡散のメカニズム分析とシミュレーションの提示」の成果である。総勢10人の大学研究者とマーケティング実務家で編成された2つのチームが、2年間にわたって情報伝達に関するメディア研究を進めてきた。その過程で、プロジェクトチームは今まであるマスメディア主体の情報伝播とは異なる現象に遭遇した。それは急速に起こる台風の渦のような情報伝播＝「環メディア現象」と呼ぶ新しい現象である。

　メディアと情報伝達の新しい振る舞いを確認するために、私たちは5つの事例研究（「アイドルA」、「ふなっしー」、「レモンジーナ」、「ヨーグリーナ」、「ザクとうふ」）とメディア関係者（日テレアックスオン、Yahoo! JAPAN、博報堂DYメディアパートナーズ・メディア環境研究所など）へのインタビューを実施した。約1年間におよぶ実証研究を通して、マスメディア単独ではなく、SNS独自でもない、その中間に位置する新しいメディアを仲介して、メディア総体として「台風の渦のような」素早い急速な情報の伝播が起こっている事実を確認できた。

　くわしくは本編で個々の事例を紹介することにする。ここでは、事例研究とインタビューから抽出された複数の「キー概念」を提示することにしたい。これらは、メディア・コミュニケーション研究における重要な発見だと考えている。環メディア現象とそれに関連した基礎概念について、まずは整理してみる。そして、それぞれの概念に固有の名称を与えることにする。

1 「情報拡散現象」の発見

変貌するメディア世界

　インターネットが登場する直前（1995年）まで、企業が一般大衆に向けて情報を効率よく伝達するための手段はシンプルだった。メガヒットを生み出すマーケティング・コミュニケーション手段としての４大マス媒体、とりわけテレビの威力が絶大だったからである。感染力の高いニュースネタ（情報）や魅力ある商品サービスを、マスメディアにうまく乗せることができさえすれば、テレビ局やクライアント企業は、告知対象についての圧倒的な認知を即座に獲得することができた。

　潤沢な広告予算を確保できる大手メーカーは、広告代理店やリサーチ会社の助けを借りて適切な媒体計画を策定し、自社の有望な製品に対する認知を正確に予測できた。この方法が今でも有効であることは基本的に変わっていない。しかし、マスメディアが優勢な時代では、計画と実際が大きくずれることは少なかった。メディアの住人たちは、「予定調和の世界」に住んでいたことになる。高い予測精度を前提に、計画通りにメガヒットが演出できたからである。

　牧歌的なメディア状況の下では、情報伝達の様式を説明する理論もきわめてシンプルだった。社会学者のロジャースが提唱した「革新の普及理論」の枠組みで、際立ったヒットの現象がほぼ説明できた。

　そこで用いられる操作概念も単純明快そのものだった。製品アイデアの「革新性」（Innovativeness）と人々の間で膾炙される「口コミの効果」（Word of Mouth）の組み合わせである。しかし、SNSの登場で予定調和の世界が「制御不能の世界」に変わりつつある。

マスメディアとSNSの分断をつなぐ理論

　メディアの状況が大きく変貌を遂げているにも関わらず、メディア研究の方法論には、根本的なイノベーションが起こっていない。ソーシャ

ルメディア環境下で、今までとは異なる情報伝達のメカニズムを説明できる枠組みが存在していないのである。

現状のメディア研究の枠組みでは、マスメディアとSNSの世界は分断されている。しかし、個人が社会に向けて情報を発信できる手段を持つようになった今、マスメディアとSNSは相互作用を持ちはじめている。換言すると草の根のネットワークで構成されている「小さな村」(SNSの世界)とガリバーと小人が乗った「大きな船」(マスメディアの世界)は、共存しながらも情報的には連結しているはずである。

マスメディアとSNSの情報的な分断を理論的に統合できる「代替的なメディア理論」が存在するという立場から、プロジェクト・チームは、人々の直接情報（相互作用）にマスメディアが介在してインタラクションが起きるという仮説を想定してみた。さらに、両メディアの相互作用を媒介するメディア機能を探してみた。その結果、両メディアの中間に位置して、マスメディア（テレビや新聞）とSNS（個人の情報発信）をつなぐ中間的なメディアが存在していることが確認できた。具体的には、ツイッターやフェイスブック、LINEなどを介してマスメディアに情報を伝え、商品やスター（キャラクター）のヒットを瞬間的に増幅させる特性を持つ中間的なメディア（YouTube、Yahoo! ランキング、2ちゃんねる、まとめサイトなど）の存在とその機能についてである。

従来からのネーミングでは、マスメディアとSNSの中間に位置するメディア（当初、われわれは「中間メディア」と呼んでいた）は、一般的には「キュレーション・メディア」と呼ばれている。しかし、その情報拡散の現象や製品のメガヒットを引き起こすメディアの役割は、これまでは十分に認識されていなかった。それは、情報拡散の内部的なメカニズムが解明されていなかったからである。

そこで、3つのメディア（マスメディア、SNS、キュレーション・メディア）が相互に作用して、情報を伝達する社会的な現象のことを「環メディア現象」と呼ぶことにした。その動的な特性に対しては、仮に「環メディア」という名称を与えた。一瞬にして情報が世の中に伝播する動作特性は、まるで南太平洋上で台風が発生する過程に酷似している。そのため、

この渦巻きのメカニズムは本書では、「台風モデル」と呼ぶこともある。

「コクーン・ブレイク」という現象

環メディア現象を検証するために研究を進めている期間（2014〜2015年）に、メディアで大きく注目を浴びた社会現象を2例、ケースとして取り上げることにした。それらは、「アイドルA」と「ふなっしー」のスター誕生物語である。両者が大ヒットした背景には、ブレイクに至るまでのプロセスに共通しているいくつかの要因が抽出できる。

第一に、どちらの場合も、人気が沸騰する前の初期状態で、メンバーの数は少ないながらも、あらかじめコアなファン層が存在していたことである。私たちは、対象に対して高い関与を持つマニアックな関心層（100〜300人のクラスター）のことを「コクーン」（繭）と名づけることにした。

第二に、「アイドルA」と「ふなっしー」が大きくブレイクするためには、ニッチなファン層（初期のコクーン）を飛び越えて、一般に情報が拡散していかなければならなかった。そのためには、2つの条件が必要になる。

ひとつは、趣味や嗜好において「類似した関心」を持つグループ（隣接する他のコクーン）に情報が伝播することである。きっかけはさまざまであるが、なんらかの「イベント（サイン会）」や「フレーズ（キャッチコピー）」や「画像（静止画と動画）」が、一般への情報の拡散を促進する導火線の役割を果たしていることが多い。

たとえば、「アイドルA」がブレイクしたきっかけは、ネット上を駆け巡った1枚の写真だった。それが他のアイドル好きのコクーンに次々に飛び火していった。

また、情報発信の促進役として「著名人」が登場して、ブレイク直前の対象者に「お墨つき」（権威の認定）を与えることもある。「アイドルA」に対する松井玲奈（当時SKE48に所属）の関係、「ザクとうふ」の場合は池田秀一氏（シャア・アズナブル役の声優）の存在、「ふなっしー」の加藤浩次（「相撲対決」でふなっしーを有名にした）の媒介など、どの事例においても著名な仲介者による「レバレッジ作用」が観察できる。

イベントやお墨つきでいったんコクーンが破れて、その存在が一般大衆にも知れわたるとマスメディアが関心を持つ。そして、情報番組やニュースで大々的に宣伝してくれる。
　ただし、そこに至る過程では、2ちゃんねるやYahoo!やYouTubeなどが、ツイッターやGoogle検索ランキングなどから情報を拾い出し、ランキング露出を通して人気度を発信することが必要である。マスコミの制作者や編集者へのインタビューから、マスメディアは番組の制作や編集の過程で、キュレーションされた編集情報を頼りにしていることが確認されている。

「情報の蓄積とヒット」に見られる2段階法則

　取り上げたすべてのケースで、コクーンが破裂するまでには、ある程度の時間が必要なことが確認できている。情報を貯蔵するための緩慢な期間を私たちは「地ならし期」と呼んだ。コンテンツの雌伏期が必要なのは、のちに説明する集中的な「リツイートの嵐」を発生されるためである。強烈な瞬間風速が起きるためには、量と質の両面において蓄積された情報に「厚み」が必要になる。
　地ならし期には、のちに大きくブレイクする対象（スター、キャラクター、商品など）に対する情報（記事、データ、テキスト、写真、動画など）がアーカイブ化されて蓄積される。これは、植物科学の研究でわかっている、花粉症が発症するまでのアレルゲンの「限界蓄積量」や、チューリップが発芽するための休眠打破に必要な「累積低温量」などのアナロジーとして論じることができる。
　台風の場合は、南海上の温かい湿気が上昇気流となって発生する。ただし、湿った気流の渦が強烈な台風に発達するには、時間的なタイミングが大切である。数日間以内に台風にならないと、湿った上昇気流は大きな台風にはならない。
　ソーシャルメディア環境下でヒットが生まれるプロセスも、台風の発生状況のタイミングと似ている。情報の蓄積とイベントをきっかけにコクーンがブレイクするためには、情報の伝播に加速度が必要になる。こ

れが、植物生理のアナロジーで表現した「発芽点」という発想である。

なお、こうしたヒットのプロセスは、定性的に分析されているだけではない。定量的にも、複数の時系列データを集計分析した結果である。私たちが分析に利用したデータ指標は、ツイート数、リツイート数、記事数、テレビ番組への登場回数などである。また、つぎに登場する消費財（サントリーと相模屋食料のヒット商品）に関しては、販売データ、GRP（延べ視聴率）、インターネットのインプレッション数などを分析対象としている。

2 「台風モデル」の消費財への一般化

サントリー、「レモンジーナ」と「ヨーグリーナ」

コクーン・ブレイクのモデル（発芽現象）は、「アイドルA」のようなタレントのブレイクや、「ふなっしー」のようなキャラクターの人気上昇という現象を説明できるだけではない。私たちは、新しい情報伝播モデルと基礎的な操作概念が、一般消費財にも拡張して適応できると考えた。

まずは、具体的な事例として、2014年にヒットした2つの商品に着目してみた。サントリーの「レモンジーナ」と「ヨーグリーナ」である。

再び、植物のアナロジーを用いてみることにしよう。

いったん発芽した植物が、さらに大きく成長することができるかどうかは、土壌や気温、水やりなど、周囲の環境条件と栽培の仕方に依存して決まる。同様に、ヒット商品の場合は、環メディアが全体として、マスメディアとSNSをどのようにダイナミックにつなぐことができるかにかかっている。また、その成功の成否は、対象の魅力度が高いことは当然の条件になるが、それまでに情報の蓄積がどれほどあったかに依存して決まる。

取り上げたどちらの商品も、発売直後にSNSを介して話題が沸騰した。

そして、瞬く間に店頭在庫が欠品してしまった。どちらの商品にも、親ブランドが存在していたことも共通している。「レモンジーナ」に対する「オランジーナ」、「ヨーグリーナ」に対する「南アルプスの天然水」の存在である。知名度の高い既存商品のブランド（「オランジーナ」と「南アルプスの天然水」）に対しては、一定のファン層がついていた。それをベースとして、新商品が発売されるらしいという話題がネット上を駆け巡った。それに加えて、商品に対する噂（刺激的な言葉＝「土の味」や「販売休止」）が、ネット広告と同期して、SNS上で短期間に火がついた。

　調べてみると、サントリーの2つの事例においては、自然発生的に商品の人気に火がついただけではないらしい。

　データを分析してみると、企業のマーケティング活動とヒットのタイミングが同期していることが確認できる。その証拠が、インターネット広告への出稿と商品の大量事前サンプリングに見られる。商品のヒットは、企業側の活動とSNS上での情報伝播の相乗効果によって生まれたことがわかる。

相模屋食料、ザクとうふ

　サントリーの2つのブランドと「ザクとうふ」の違いは、後者の事例（相模屋食料）では、テレビを主体としたマスメディアがほとんど関与していないことである。それでも、ガンダムをモデルにした「ザクとうふ」は大ヒットしている。なお、全国的にほとんど無名だった地方の豆腐メーカーはマス広告を使うことができなかった。しかし、NHKや雑誌社などの取材が殺到したことで、マスメディアでの露出が、かなり大きかったことも事実である。

　ザクとうふのアイデアは、相模屋食料の鳥越淳司社長の個人的な趣味（ガンダムファン）からスタートしている。ガンダムをモチーフにした「ザクとうふ」がブレイクしたのは、「アイドルA」や「ふなっしー」の事例と同じで、秋葉原で開催された商品発表会のイベントがきっかけだった。イベント会場には、声優の池田氏が登場して、会場を盛り上げた。

　会場でのイベントの様子や商品の画像（モビルスーツ）が、SNSを介

してガンダムファン（M1－M2層）に浸透していった。ファンの顧客は、食品スーパーに陳列してある商品に殺到したため、発売から1週間で「ザクとうふ」は品切れになった。予期していなかったヒットである。「ザクとうふ」の製品ラインは、その後も拡張進化を遂げている。

　ヒットが生まれたもうひとつ別の理由は、とうふでジオラマをつくって遊ぶなど、商品（とうふ）とキャラクター（ガンダム）がいじりやすい対象だったからだろう。商品が「二次創作」がしやすい対象だと、SNSでの拡散が促進されやすくなる。

　ここで重要なことは、関心層の消費者が「祭り」に参加がしやすいことである。ここでいう「祭り」とは、共通の関心を持つファンがリアルあるいはヴァーチャルな空間で一斉にコミュニケーションするイベントのことを指す。祭りがはじまると、ツイッターに書き込むだけではなく、そのイベント画像や動画に手を加えて、自分でも制作することができるようになる。

3　モデルシミュレーション　環メディアとコクーン・ブレイクの再現

　第一部では、事例を用いて、環メディア現象とコクーン・ブレイクの様子を分析している。ところが、実際の情報伝搬の様子を正確に再現することは技術的にむずかしい。そこで、「シミュレーションモデルチーム」が取り組んだのが、情報拡散のダイナミックな動きとしてコンピュータで模擬することだった。

　このアプローチを採用することで目指したことは、①2段階ヒットの現象、②コクーンがはじける瞬間（発芽点）の再現、③マスメディアとSNSの相互作用、④過去の情報蓄積が市場の成長を加速させるダイナミズムを再現することである。そのための手法として、われわれはエージェントシミュレーションを用いることにした。

　エージェントシミュレータは、対象（エージェント）とリンク（そのつながり）から構成される。情報伝搬のモデルでは、マスメディア、中

間メディア、情報の蓄積（アーカイブ）を想定する。そして、シミュレーションを段階的に実施することにした。

　手続きの詳細は第二部に譲るとして、コンテンツがヒットするための3つの要素は、①「コクーン」、②「環メディア」、③「アーカイブ」だった。シミュレーションでは、単純な標準モデル（普及モデルと同等）から出発して、①コクーン（同質な対象に異質性を導入）から③アーカイブ（過去情報の参照・遡及を取り入れる）までの要素を順次に取り込んでいった。結果的に、基本モジュールの組み合わせから、第一部の事例で観察した、特徴的な情報拡散の振る舞いを再現することに成功した。

　段階的なシミュレーション（特に最終段階）では、コクーン内に溜まっていた情報が隣のコクーンに飛び火し、それを検知したメディアがアーカイブから検索された関連情報を巻き込んで広域に拡散させる様子が示される。なお、エージェントシミュレーションでは、シミュレーションツールの「NetLogo」が用いられている。

4　本書の概観

　第1章では、まず問題意識として、現メディア環境下における情報伝播の変化とそれにともなうコンテンツ・ヒットの変化を記している。その後、メディア情報の集積・拡散の新たなメディアの場の存在を提示した。第2章では、メディア・コミュニケーションにおける先行研究をサーベイし、それらを6つのパターンに分類した。そこでは、私たちの研究との関連を整理している。とくに、インターネット普及後の先行研究と本研究との比較を行い、その新規性を示している。

　第3章では、メディアの現場で実際に情報を受・発信しているメディア・コンテンツの最前線にいる4社7名（テレビ関係者、ネット記事の編集者など）を取材した。そして、現代の新たなコミュニケーション実態を把握した。第4章では、先行研究と関係者取材をベースに、プロジェクトメンバーで議論を進め、仮説を導出した。

第5章では、仮説を提示し、近年ヒットした「アイドルA」と「ふなっしー」の2事例の情報拡散のための検証枠組みを示した。そして、その2例の情報伝播の実態を分析することで、情報拡散のメカニズムを把握した。その後、そこで得た情報伝播の枠組みをもとに、一般消費財であるサントリーの「レモンジーナ」と「ヨーグリーナ」、相模屋食料の「ザクとうふ」の情報伝播とヒットの段階を分析・検証した。
　第6章では、定性分析で得た情報が伝播・拡散していくしくみを可視化するため、シミュレーションモデルを作成し、提示した。そして、第7章では本研究全体のまとめを行った。
　以下、第1部ではSNS環境下での「情報伝播・拡散のしくみ」を提示し、第2部では「情報伝播のシミュレーション」によって、第1部の諸現象を再現する。

目次

プロローグ　新しい概念の発見とメディア研究の貢献 ─── 3

第1部　情報伝播・拡散のしくみ
仮説の導出と事例検証

第1章　問題意識　メディア環境の変化と情報伝播
　1　コンテンツ・ヒット格差と情報伝播 ─── 20
　2　広告効果指標の変化
　　　「マスの指標」から「共感の指標」へ ─── 21
　3　本研究の流れ ─── 22

第2章　メディア・コミュニケーションの先行研究
　1　先行研究のサーベイ ─── 26
　2　本研究の新規性 ─── 30

第3章　メディアの最前線　メディア関係者取材
　取材1　放送作家・金森匠氏 ─── 34
　取材2　博報堂DYメディアパートナーズ・メディア環境研究所
　　　　　加藤薫氏 ─── 36
　取材3　日テレアックスオン ニュース・ライブセンター長 S氏 ─── 39
　取材4　Yahoo! JAPAN 伊藤儀雄氏・有吉健郎氏・三村友理氏・
　　　　　八木田愛美氏 ─── 42
　「メディア関係者取材」のまとめ ─── 45

第4章　新たな「メディア・コミュニケーション概念」の導出

1. 「環メディア」――メディアをつなぐ現象 ―――― 48
2. 情報の質的要素と伝え方 ―――― 51
3. アーカイブ化とヒットの2段階仮説 ―――― 52
4. SNSとコミュニケーション速度「時間」概念の導入 ―― 54

第5章　事例分析　「タレント・キャラクター」から「一般消費財」へ

1. 「仮説の提示」と「検証の枠組み」 ―――― 58
2. 仮説検証①「アイドルA」 ―――― 59
3. 仮説検証②「ふなっしー」 ―――― 67
4. 製品に関するケース①サントリー「レモンジーナ」 ―― 75
5. 製品に関するケース②サントリー「ヨーグリーナ」 ―― 86
6. 製品に関するケース③相模屋食料「ザクとうふ」 ―― 98
7. 事例分析のまとめ ―――― 108

第2部　情報伝播シミュレーション

第6章　シミュレーション「コクーン・ブレイクモデル」

1. 仮説の観察　情報拡散のモデルの再現計画 ―――― 114
2. 「エージェントシミュレーション」の基本モデル ―― 122
3. コクーンモデルの導入 ―――― 130
4. 環メディアモデルの導入 ―――― 135
5. 情報の蓄積と検索のモデル ―――― 143
6. シミュレーションから見えてきたこと ―――― 151

第7章　まとめ
　　　　議論と残された課題

1　ニッチグループ「コクーン」を位置づける ──────── 154
2　「2段階ヒット仮説」発生のメカニズム ─────────── 154
3　マスメディアの役割 ────────────────── 155
4　シミュレーションという方法論 ─────────────── 155

特別講義　なぜ、「ザクとうふ」と「ナチュラルとうふ」
　　　　はヒットしたのか？
──────────────────────── 157

鳥越淳司（相模屋食料株式会社 代表取締役）
進行 小川孔輔

1　成熟市場でも変えられることはある ─────────── 159
2　「伝統食品」超成熟市場の革新に挑む ────────── 160
3　「木綿と絹」基本を徹底的に追求する ────────── 163
4　「ザクとうふ」新しいカテゴリー、新しいターゲット ─── 166
5　ガンダムとうふシリーズ続編の発売 ─────────── 169
6　ナチュラルとうふ 新しい"価値観"を創る ───────── 171
7　相模屋食料の強み ─────────────────── 176

エピローグ ─────────────────────── 178

付録1 ──────────────────────────── 181

付録2 ──────────────────────────── 185

参考文献 ─────────────────────────── 189

執筆担当

プロローグ　新しい概念の発見とメディア研究の貢献 ——————— (小川)
第1部　情報伝播・拡散のしくみ　仮説の導出と事例検証
　第1章　問題意識　メディア環境の変化と情報伝播 ——————— (岩崎)
　第2章　メディア・コミュニケーションの先行研究 ——————— (岩崎)
　第3章　メディアの最前線　メディア関係者の取材
　　1　放送作家・金森匠氏 ——————————————————— (岩崎)
　　2　博報堂DYメディアパートナーズ・メディア環境研究所 加藤薫氏 ——— (岩崎)
　　3　日テレアックスオン ニュース・ライブセンター長 S氏 ——————— (中畑)
　　4　Yahoo! JAPAN 伊藤儀雄氏 有吉健郎氏 三村友理氏 八木田愛美氏 ——— (野澤)
　　5　メディア関係者取材のまとめ ——————————————— (岩崎)
　第4章　新たな「メディア・コミュニケーション概念」の導出 ——————— (岩崎)
　第5章　事例分析「タレント・キャラクター」から「一般消費財」へ
　　1　「仮説の提示」と「検証の枠組み」 ——————————————— (岩崎)
　　2　仮説確証①　「アイドルA」 ——————————————— (佐藤)
　　3　仮説確証②　「ふなっしー」 ——————————————— (野澤)
　　4　製品に関するケース①　サントリー「レモンジーナ」 ——————— (中畑)
　　5　製品に関するケース②　サントリー「ヨーグリーナ」 ——————— (中畑)
　　6　製品に関するケース③　相模屋食料「ザクとうふ」 ——————— (中畑)
　　7　まとめ ——————————————————————————— (岩崎)

第2部　情報伝播シミュレーション
　第6章　シミュレーション「コクーン・ブレイクモデル」 ——————— (中村)
　第7章　まとめ　議論と残された課題 ——————————————— (小川)

特別講義　「なぜ、『ザクとうふ』と『ナチュラルとうふ』はヒットしたのか？」
　　　　　　————————————————————————— (鳥越・小川)
エピローグ ——————————————————————————— (岩崎)

第1部

情報伝播・拡散のしくみ
仮説の導出と事例検証

本研究の流れ（第1章〜第5章）

- **第1章** 問題意識　メディア環境の変化と情報伝播
- **第2章** メディア・コミュニケーションの先行研究
- **第3章** メディアの最前線　メディア関係者取材
- **第4章** 新たな「メディア・コミュニケーション概念」の導出
- **第5章** 事例分析　「タレント・キャラクター」から「一般消費財」へ
- **第6章** シミュレーション　「コクーン・ブレイクモデル」
- **第7章** まとめ　議論と残された課題

第1章

問題意識
メディア環境の変化と情報伝播

スマートフォンの急速な普及によって、情報伝播のしくみも大きく変化している。それにともない、コンテンツのヒット格差（大ヒットと小ヒット）が拡大している。これはマスメディア中心の時代には見られなかった現象である。そこには、メディア間の連携・反芻作用があった。

1 コンテンツ・ヒット格差と情報伝播

　スマートフォンの急速な普及によってメディア環境が著しく変化する中で、情報伝播のしくみも大きく変化している。特に若者層（T, F1, M1）を中心に、情報源はマスメディアからインターネットメディアにシフトしている[1]。その結果、広告のコアターゲットである若年層に対しては、マス広告単独での効果は、明らかに減衰していると考えられる。

　そして、実務の世界でのメディア・コミュニケーションの手法も、マスメディアとソーシャルメディアを効果的に組み合わせることによる相乗効果や波及効果を狙ったものが中心となっている。

　コンテンツのヒットに目を向けてみると、2013年の年間で大ヒットしたのは「アナと雪の女王」や「妖怪ウォッチ」などだった。これら大ヒットした2%のコンテンツに対して、98%はある年代や同じ趣味を持つグループ内での限定的な小ヒットに留まっている[2]。それ以降も同様で、大ヒットと形の見えない小さなヒットという状況で、その格差が開いているのである。

　それはマスが中心であった時代には、見られなかった現象である。ツイッターやフェイスブック、LINEといったソーシャルメディアの普及以降、どのように情報の伝播・拡散のしくみが変化したのだろうか。現象として起こっているもののメカニズムを学際的に検証・分析することでこれまで明らかにされなかったメディア・コミュニケーションにおける新たな発見があるのではないかと考えた。

　その分析の過程では、情報を取材、選択、決定するマスメディアとネットメディアの関係者たちへの取材を行った。そこでは、編集企画作業での情報の取得と選択、編集された情報の再発信においてメディア間の連携・反芻が頻繁にあることが確認できた。

　しかし、それらがどのように有機的に連携すれば大きな情報伝播へとつながるのか、その反芻プロセスや、反芻しやすい情報、コンテンツの要素、条件などはこれまでの研究では明らかにされていない。スマート

フォンが広く浸透した現メディア環境下での情報伝播のメカニズムを明らかにすることは、今後のデジタルメディア社会のメディア・コミュニケーション研究の貴重な知見になると考えたからである。

1　T（13〜19歳の男女）、F1（20〜34歳の女性）、M1（20〜34歳の男性）
2　博報堂DYメディアパートナーズ・メディア環境研究所（2014年2月調査）。

2　広告効果指標の変化 「マスの指標」から「共感の指標」へ

　マスメディアの時代には、「リーチ」（情報の接触人数）と「フリークエンシー」（情報の接触回数）の積数である情報の総露出量（GRP）が情報伝播にとって、もっとも重要な指標であった。しかし、インターネットの登場とともに、クチコミやSNSの書き込み、そして人と人のつながり（ソーシャルグラフ）による伝播など、情報の拡散の仕方も多様化している。

　情報の出し手も、かつてのように情報を管理・操作することが、むずかしくなってきている。テレビのメディア力の減退は、HUT（総世帯視聴率）の低下をみると、確かに言えそうである。しかし、デバイスの多様化やタイムシフト視聴など、マスメディアとしてのテレビの役割変化や視聴状況、視聴態度が変わったことによる部分もあり、他メディアとの関係においてその効果を論じなければ、確かな結論は得られそうにない。

　また、情報のデジタル化により過去から現在までの情報の入手が容易になったことも、メディア・コミュニケーションのあり方を大きく変えている要素であろう。スマートフォンの普及で、個人が手元に巨大な情報のアーカイブを持っているのと同じ状況である。

　メディアは、新しく次々と送られてくるフローの情報とストックされた情報の両方を持つようになった。そして、さまざまな情報を仲介する

ハブ・パーソンも、かつてのような権威あるオピニオンリーダーから、自分が共感する（その分野に自分より少し多くの知識を持つ）一般の人々へと変化した。[5]

関心を共有するコミュニティ間での盛り上がり（小さなヒット）と、マスメディアが多くの人々に一度に大量に情報を伝播する場合とでは、情報伝播のメカニズムが異なっている。私たちは、メディア関係者といくつかの事例を詳細にリサーチすることで、その両者をつなぐ「メディアの場（機能）」（4章で詳述するが、本プロジェクトでは「環メディア」と名づけた）が生まれて、情報の集積・拡散を加速度的に進行させていることを確認できた。コミュニティ間での小さなヒットとマスメディアが絡んで、その後に大きなヒットが生まれる。私たちは、そうしたヒットを加速させるメディアが介在する情報伝播のメカニズムを解明することで、ネットとマスが相互に作用するメディア・コミュニケーションの現状を説明できると考えた。

---

3 総世帯視聴率・Household Using Television。調査対象となる世帯全体で、どのくらいの世帯がテレビ放送を放送と同時に視聴していたのかという割合。2009年42.6%、5年後の2014年には41.4%と年々減少傾向にある（株式会社東京放送ホールディングス決算説明会資料）。
4 保存記録、公文書、記録保管所、書庫など。近年テレビ局やメディア各社や地方自治体など、過去の映像や文書記録を整理し、コンテンツビジネスとして活用する動きも活発化している。
5 「インターネットでの情報伝播」「草の根インフルエンサー」の発想は、山本（2014）が示している通りである。

3　本研究の流れ

第1章では、まず問題意識として、現メディア環境下における情報伝播の変化とそれにともなうコンテンツ・ヒットの変化を記している。その後、メディア情報の集積・拡散の新たなメディアの場の存在を提示した。第2章では、メディア・コミュニケーションにおける先行研究をサーベイし、それらを6つのパターンに分類した。そこでは、私たちの研

究との関連を整理している。とくに、インターネット普及後の先行研究と本研究との比較を行い、その新規性を示している。

　第3章では、メディアの現場で実際に情報を受・発信しているメディア・コンテンツの最前線にいる4社7名（テレビ関係者、ネット記事の編集者など）を取材した。そして、現代の新たなコミュニケーション実態を把握した。第4章では、先行研究と関係者取材をベースに、プロジェクトメンバーで議論を進め、仮説を導出した。

　第5章では、仮説を提示し、近年ヒットした「アイドルA」と「ふなっしー」の2事例の情報拡散のための検証枠組みを示した。そして、その2例の情報伝播の実態を分析することで、情報拡散のメカニズムを把握した。その後、そこで得た情報伝播の枠組みをもとに、一般消費財であるサントリーの「レモンジーナ」と「ヨーグリーナ」、相模屋食料の「ザクとうふ」の情報伝播とヒットの段階を分析・検証した。

　第6章では、定性分析で得た情報が伝播・拡散していくしくみを可視化するため、シミュレーションモデルを作成し、提示した。そして、第7章では本研究全体のまとめを行った。

第2章

メディア・コミュニケーションの先行研究

「メディア・コミュニケーション研究」を過去にさかのぼって、その代表的な文献や言説をサーベイする。その後、本研究の新規性について記すことにする。

1 先行研究のサーベイ

　本研究は、ソーシャルメディア環境下の「メディア・コミュニケーション」を対象にしている。メディア・コミュニケーションは、新たなメディアが誕生するたびにその形態も変化し、インターネット普及以降はそれ以前とは大きく変容してしまった。しかし、そこには、不変のメディア・コミュニケーションの本質や原理が存在しているようにも見える。

　最初に整理して示すのは、それぞれの時代のメディア環境下で、情報や広告の伝播を理論的に分析した先人たちの知見である。「情報伝播の研究」「メディアの受け手研究」「広告効果モデル」「人と人のネットワーク（社会関係資本）研究」「クチコミ伝播の研究」「コンテンツ・ヒットの研究」の6つのジャンル分けを行い、重要な概念部分を記述している。

「情報伝播」の研究

- ラザースフェルドら（1944）『ピープルズ・チョイス』
　1940年のアメリカの大統領選挙における有権者の意思決定を調査。それに大きな役割を果たしたのは、「オピニオンリーダー」の存在。
- カッツ＆ラザースフェルド（1955）『パーソナル・インフルエンス』
　『ピープルズ・チョイス』での知見を論理的に整理。オピニオンリーダーは、メディア・コミュニケーションの中継機能を果たす。情報はオピニオンリーダーから一般の人々に流れるとする「コミュニケーションの2段階の流れ」仮説を展開。
- クラッパー（1960）『マス・コミュニケーションの効果』
　「マス・コミュニケーションは、媒介的諸要因と諸影響力の連鎖（a nexus of mediating factors and influences）の中で、そしてその連鎖を通して機能している」と主張。
- ロジャース（1962）『イノベーションの普及理論』
　イノベーションの普及は、社会システムのメンバー間に特定のチャネル「イノベーター」「アーリーアドプター」「アーリーマジョリティ」「レ

イトマジョリティ」「ラガード」の5段階を介して伝達されるプロセスとした。

「メディアの受け手」研究

- シュラム（1954）『マス・コミュニケーションの過程と効果』
  人は何らかの「報酬」を得るためにニュースを見る。「即時報酬」「遅延報酬」。
- マクウェール、ブラムラー、ブラウン（1972）『テレビジョンオーディエンス』
  テレビ視聴を充足のタイポロジーとして提示。
  ①気晴らし（Diversion）②人間関係（Personal Relationship）③自己確認（Personal Identity）④環境監視（Surveillance）

〈カルチュラル・スタディーズによるメディアの受け手研究〉
- ホール（1973）"Encoding/Decoding in Television Discourse"
  「エンコーディング/ディコーディング」。視聴者は「絶対的立場」「交渉的立場」「対抗的立場」の3つの仕方でメディアを読み解いている。
- モーレイ（1980）"The Nationwide Audience: Structure and Decoding"
  オーディエンスの階級、人種、ジェンダー、教育程度などによる番組の多様な読みを検証・提示。

広告効果モデル

- ルイス（1898）「AIDA」理論
- ストロング（1925）「AIDCA」理論
  ホール（1925）「AIDMA」モデルから片平（2006）「AIDEES」モデルまでは、図表2-1に示す。

「人と人のネットワーク（社会関係資本）」研究

- グラノベッター（1973）"The Strength of Weak Ties"
  「弱い絆の強さ（The Strength of Weak Ties）」理論。強い絆は親しい

>> 図表2-1 　広告効果モデル

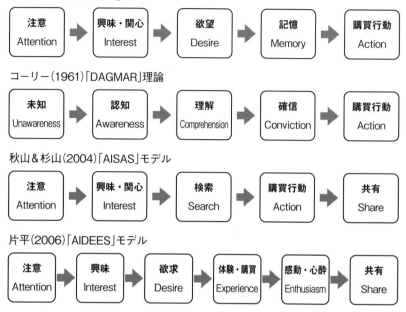

同士のネットワーク=「クリーク（clique）」を形成するが、人間関係の閉じたものになりやすく、一方、弱い絆は密度の薄い関係ではあるが「クリーク」を結ぶ「ブリッジ（bridge）」を形成する。

・パットナム（2000）『孤独なボウリング』
　社会関係資本とは、「個人間のつながり、すなわち社会的ネットワーク、およびそこから生じる互酬性と信頼性の規範」である。
・バラバシ（2002）『新ネットワーク思考』
　WWWのリンク構造。スケール・フリー・ネットワーク=特徴的なスケールが存在しない乗則の分布法則。リンクを集めたWEBページほど多くのリンクを集める。
・ワッツ（2003）『スモールワールドネットワーク』

ネットワークをクラスター化指数と隔たり指数の2つの指数で評価。

「クチコミ伝播」の研究

- 濱岡（1994）「クチコミの発生と影響のメカニズム」

 個人的要因（「知識」「関与」）と社会的要因（「1次集団」「2次集団」）。対象とするものに対しての知識水準とクチコミの関係。クチコミ情報は消費者間での社会的関係性を維持するために信頼性の高いものになる。

- 里村と濱岡（2007）「eクチコミを考慮した新しい広告効果測定体系に関する研究」

 クチコミ行動の動機は、コミュニケーションによる「楽しさ」や「社会関係資本」、eクチコミの動機は、「楽しさ」「経済的報酬」「自己効力感」による。

- 山本、松浦（2011）"Marketing Ecosystem: The Dynamic of Twitter, TV Advertising, and Customer Acquisition"

 マス広告を用いたマーケティング活動は、ソーシャルメディア上のバズを活性化する。「広告とクチコミのエコシステム」を提示。

- 山本（2014）『キーパーソン・マーケティング』

 クチコミの関係要因は、クチコミの送・受信者の「紐帯の強さ」「同類性」「信頼性」。ネットワークのキーパーソンは、「スーパーインフルエンサー」から「草の根インフルエンサー」へ移行。

コンテンツ・ヒットの分析

- 澁谷（1999）「関係性マーケティングの限界と電子コミュニティ──分析論文：『踊る大捜査線』」

 サイトへの書き込みに積極的に参加するファンとサイトの記事を読むだけのROM（read only members）との関係性。C to Cの効果を提示。

- 吉田、石井、新垣（2010）『大ヒットの方程式 ヒット現象を数理モデルで数式化する』

 映画の興行収入とブログ書き込み数との関係を数理モデル化。「間接コミュニケーション効果」のヒットへの影響を提示。

2 本研究の新規性

テーマに関わる先行研究として、
「情報伝播の研究」
「メディアの受け手研究」
「広告効果モデル」
「人と人の絆（社会関係資本）」
「クチコミ伝播の研究」
「コンテンツ・ヒットの研究」
をサーベイしてきた。概観してきたものは、メディア・コミュニケーションにとってどれも重要な知見であるが、急速なメディア環境の変化によって現状に当てはまらないもの。もしくは本研究の研究領域にはあるが、直接関わらないものもある。そこで、前節で提示したインターネット導入以降のメディアの情報伝播、消費者間の情報伝播をテーマとした研究「クチコミ情報の伝播とコンテンツ・ヒットに関わる研究」に主に焦点をあて、本研究の新規性について示すことにしたい。

まず、濱岡（1994）におけるクチコミ発生のメカニズムに関する知見は、個人と社会との関係、広告とクチコミとの関係など、生活者の情報発信に関する分析結果は現在でも有用な知見である。しかし、ツイッターやラインなどソーシャルメディア環境下のネットによるクチコミ以前のものである。

澁谷（1999）は、「踊る大捜査線　ザ・ムービー」で、テレビドラマの視聴者を映画の顧客とするためのコミュニケーション手法として、オフィシャルWEBサイトの活用をあげている。そこでは、積極的な参加層とROM（read only members）との情報伝播と行動を明らかにした。インターネット初期ユーザーのメディア伝播の形を明らかにしたものであり、スマートフォンが普及するソーシャルメディア環境下以前のメディア・コミュニケーションの事例分析である。

里村と濱岡（2007）は、eクチコミの動機は、「(eクチコミコミュニケーションの）楽しさ」が大きな要因であり、「経済的報酬」や他者に影響を与えるという「自己効力感」がその要因であることを明らかにした。「楽しさ」や「自己効力感」がその行動要因であるという指摘は、私たちの研究において、参考となる知見となった。私たちの提示するテーマは、メディアの伝播をソーシャルメディアとマスメディアとの情報の循環においており、クチコミにおける知見を参考にしながらも、広く現メディア環境下での情報の伝播、循環のしくみの解明を目指している。

　吉田、石井、新垣（2010）は、映画のヒットの要因に関し、ブログの「共鳴性」や「周辺話題性」といった情報の反芻を媒介するメディアの存在を示唆している。また、ヒットのしくみを数式で表すことで、その科学的な解明を試みた。SNSがマーケティング・メディアの中心になることを主張し、映画ヒットとブログにおける関係性の分析を行った。

　このモデル（「石井・吉田モデル」と呼ぶ）は、第6章のシミュレーション実験でも一部のアイデアを援用している。しかし、私たちのプロジェクトでは、ジャンルを絞り込んでのヒット分析ではなく、メディア情報の循環とそのメカニズムを明らかにするものである。

　山本、松浦（2011）は、ツイッターのつぶやきとTV広告と消費者受容の関係を検証し、テレビ広告はツイッターのつぶやきに正の影響を与えるという「広告とクチコミのエコシステム」を提示している。メディア間の関係性を示した知見として、大いに参考にしている。

　しかし、私たちの研究は、そういった知見も含めて、メディアが有機的に作用することで大きな情報伝播のうねりが生まれるかに関心があり、そのメカニズムを探求する。また、山本（2014）は、ネットワークのキーパーソンは、「スーパーインフルエンサー」から「草の根インフルエンサー」へと移行したことを明らかにしている。

　その知見は、現在のソーシャルメディア環境下の情報伝播の紐帯の変化を示すものである。私たちは、そこを踏まえたうえで情報の芽がどういう状況で芽吹き、成長しヒットしていくのかを、メディア全体の循環のメカニズムを解明することで明らかにしていくことを目指した。

本研究では、先行研究の成果をベースとしながら、複数のメディアを対象としてソーシャルメディア環境下の情報の伝播のしくみを「メディア間の連携と反芻」という視点で解明する。最終的には、その伝播のしくみをシミュレーションモデルとして提示する。それは、あるメディアに特定して情報伝播のしくみを明らかにするのではなく、包括的にメディア間の連携と情報の拡散、いわば情報伝播のダイナミクスを提示するものである。

　事例分析が進む中で、「マスメディア」と「ソーシャルメディア」、またそれぞれのメディア同士の連携を確認した。とりわけ、まとめサイトやランキングといった「キュレーション・メディア」の役割によって急速な情報の集約と拡散現象（私たちはその現象を「環メディア」と名づけた）が起こることを2つの事例の中に発見した[6]。

　さらには、スマートフォンが広く浸透した時代の情報伝播のしくみの分析とコンテンツ・ヒットにいたる諸段階の解明を行うことで、広告が効かなくなった時代の情報伝達のあり方を一般消費財である3つの商品（「レモンジーナ」「ヨーグリーナ」「ザクとうふ」）においても検証し、応用事例として提示した。

6　キュレーション・メディアとは、「新聞社や出版社などコンテンツを持つ一次情報メディアの情報を独自の視点で収集して分類、流通させる二次情報メディア」（『メディアガイド2015』博報堂DYメディアパートナーズ）。

第3章

メディアの最前線
メディア関係者取材

実際にメディアの最前線で活躍する4社7名の取材内容を提示する。メディアの現場において、「情報をつくる、取材する、編集する、発信する、分析する」といったメディア情報を日常的に扱っている人々を取材した。取材の目的は、最先端かつ実際的な仮説の構築に結びつくと考えたからである。

取材1

放送作家・金森匠氏

現在レギュラーとして、「ZIP!」（日本テレビ）、「スッキリ」（日本テレビ）ほか、在京キー局の特番など多数担当（2014年9月9日実施）。

番組づくりの姿勢

・テレビのネタをつくるときは、常に「テレビ的」であることを考える。「テレビ的」とは、視聴者目線で「何かありそう」「何か起こりそう」というフレームワークをつくること。
・番組がはじまったときに、すぐ視聴者の心をとらえる「ツカミ」（たとえば、華やか、目が留まるなど）が大事。タレントも、何かありそう、言ってくれそうという視聴率を持っている人を選ぶ。

ネタのリサーチ方法

・ネタのベースとなるのは、番組で契約している「リサーチャー」の持ってきた情報である。今、流行っているものやこれから流行りそうなもの、問題になっているものなど。リサーチャーにも良し悪しがあるが、いいリサーチャーは、独自ルートできちんとしたネタを持ってくる。リサーチャーは、ブログやツイッターをはじめ、あらゆるメディアや口コミも参考にしている。
・自分でも、ネタ探しのためにネットは一通りみる。仕事が忙しいのでツイッター、ブログなどまでは見ていられない。「読売KODOMO新聞」など、子ども向けのメディアが非常にわかりやすく、テレビネタとして即効性があるので参考にしている。また、「急上昇ワード」などは、みんなの関心がどこにあるかすぐわかるのでチェックする。

番組制作に有効なネタとは

・番組の視聴率表の「毎分グラフ」（番組の1分ごとの視聴率推移表）を見ていると時代の気分がわかり、中でも番組のトレンドコーナーの毎分グ

ラフの盛り上がりなどで、いっそう時代が見える。実感としては、自分の半径3メートルのネタが受ける。身近なもので、自分で試せるものということがポイント。たとえば、スイーツと言ってもどういう切り口にするかが重要である。

・季節ネタが、日本人は大好き。秋はハロウィーンとか、共通となる話題の提供が大事。興味のない人にどう見せるか。季節のベースネタに何を掛け合わせるか、それによって視聴者に見ようという気にさせることができるかどうかが重要。

・朝の番組では、6時台と7時台は、同じ「ZIP!」という番組でも違う番組と思ってつくらないとダメ。同じネタでもバリエーションをつけたつくりにしている。電通のデータでは、朝の出勤時間帯の1人の平均視聴時間は15分くらいだという。時間によって人々の心理状態が異なるので、そういった生活者のあり方を意識して企画を考えている。情報も料理の仕方を変えないと食べてもらえない。視聴者は、朝は「習慣」、夜は「パッケージ」でテレビを見る。

ネタの反芻性

・他のメディアとの情報の循環もあるし、テレビ間の循環もある。あるテレビ局がオンエアすると、他局もそのネタを追いかけてオンエアする。そうすると、ネタは大きくなっていく。「ぶらり途中下車の旅」は、ADがネタづくりのために沿線を歩いてネタを探してくる。そこで紹介した店などを他の番組でも扱ったりしている。

> **取材で得たキーワード**
> リサーチャーの存在、ネタさがしのためのネット活用、半径3メートルのネタ、季節ネタ、ネタ追い

» 図表3-1 情報番組・バラエティ番組ができるまでの
ネタづくりと情報の流れ

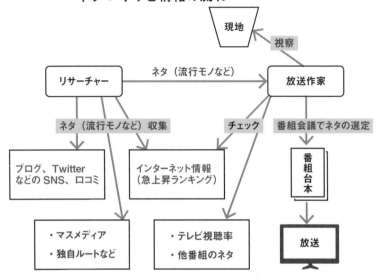

取材2

博報堂DYメディアパートナーズ・メディア環境研究所
加藤薫氏

上席研究員（2014年7月28日実施 肩書きは取材当時）

拡がる「コンテンツ・ヒット」の格差

・博報堂DYメディアパートナーズ・メディア環境研究所で2013年に登場した714個のコンテンツについて調査した結果、年間で大ヒットしたのは「アナ雪」などたった2%、他の98%は、大きくブレイクしないコンテンツ。

コンテンツ・ヒットの変容、「後乗り層」の存在

・大ヒットするコンテンツの背景には、「新しく興味深いコンテンツを探し求める層（コンテンツハンター層）」と、「同層の後を追いかけ世の

中のヒット現象そのものに反応する層（ヒットライダー層）」の2層がいる。国内で1160万人いると推計される（博報堂DYメディアパートナーズ・メディア環境研究所の計算式による）ヒットコンテンツの後のり層（ヒットライダー層）を巻き込むことが大ヒットの条件。

・「ヒットライダー層」は、特定のコンテンツカテゴリーに分散して存在するのではなく、異なるカテゴリーのフォロワーが重なっていることも特徴。また、「ヒットライダー層」は、コンテンツ利用者全体の26.1％というかなりの割合を占めており、この層をとらえることがヒットのポイント。

彼らは、コンテンツそのものの内容や魅力には反応せず、友人・知人とのコミュニケーションのためにコンテンツを消費する傾向がある。お祭りに参加する感覚。

コンテンツ・ヒットサイクル「発火モデル」

・スマートフォンの普及によって、クチコミが高速化し、コンテンツ・ヒットのしくみが変わった。近年のヒットサイクルのイメージとして「発火モデル」を発表した。

・「TV、スマホ、PCなどのメディア接触」→「時間的・空間的に同期するシンクロ体験（SNS、ライブ体験など）」→「支出をともなう深いメディア体験」。メディア体験とシンクロ体験のところで情報のメディア間サイクルがあり、情報が発火し、コンテンツ・ヒットにつながる状況をつくる。

NAVERなどの「まとめサイト」で、「まつり」（もりあがっているモノやコンテンツ）が、どこかわかるために後のりの参加ができる。コンテンツで盛り上がったファンに喜んで支出してもらうコンテンツ体験の出口を用意することが必要。

コンテンツ価値──「支出喚起力」と「リーチ力」

・博報堂DYメディアパートナーズ・メディア環境研究所は、11項目（「ドラマ・バラエティ」「アニメ・特撮」「マンガ・ライトノベル」「小説」「映画」「音楽」「ゲーム」「美術展・博覧会」「スポーツ」「レジャー施設・イベン

» **図表3-2　コンテンツ・ヒットサイクル「発火モデル」**

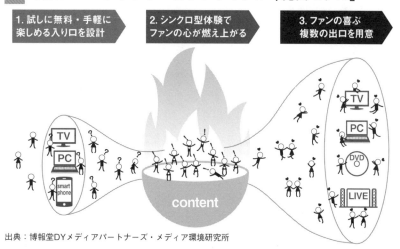

出典：博報堂DYメディアパートナーズ・メディア環境研究所

ト」「タレント・人物」）のコンテンツファン消費行動調査を実施。全国5000サンプル、年齢：15〜69歳、全国7エリア・（人口構成比、性・年代で割付）、インターネット調査：2014年2月8日（土）〜11日（火・祝）。

・コンテンツ価値指標を「支出喚起力（購買を喚起する力）」と「リーチ力（生活者に広く接触する力）」とした。支出喚起力＝「過去1年以内にコンテンツを利用したことがある人（万人）」×「年間いくら該当コンテンツにお金を使ったか」、リーチ力＝「過去1年以内、そのコンテンツのファンであった（万人）」。

リーチ力では「野球」が1989万人でトップ、支出喚起力では「TDL、TDS」が3169億円でトップ。スポーツ・ドラマ・レジャーコンテンツを抜いたコンテンツでは、リーチ力は「ONE PIECE」が1032万人でトップ、支出喚起力では「嵐」が453億円でトップ。

取材で得たキーワード

コンテンツ・ヒットの格差　ヒットライダー層　後追いのヒット現象　クチコミの高速化　発火モデル　コンテンツ価値＝「リーチ力」×「支出喚起力」

取材3

日テレアックスオン
ニュース・ライブセンター長 S氏

カメラマン、編集マン、報道記者、ニュース番組デスク、プロデューサーを経て、現在報道ニュース統括（2014年7月3日実施 肩書きは取材当時）

ニュースネタの収集から選定までの流れ

・キー局1局で、外交、政治、社会、文化芸能など合計150名を超える取材体制がある。
・ニュースソースは地上波のほか、BS、CS、ネットの動画ニュースに併用している。
・ニュースネタの収集・選定プロセスは、以下の通り。
　1）取材陣（記者、ディレクター）が1次情報を収集し、取材情報を加えて報道トップに上げる。
　2）各ニュースの番組デスク（各番組3～4名が時間単位、曜日単位に担当）が、取材したニュースについてプレゼンテーションを聞く。
　3）番組デスクがプレゼンテーションを受けたさまざまなニュースの中から、放送するニュースを選び、番組放送プログラム（ニュースの順番、尺、VTR有無、担当アナウンサーなど記載したもの）を作成する。
　4）放送開始30秒前まで、状況の変化で調整、差し替えなどが入り、番組放送プログラムは3回程度の修正、更新を行う。
・放送開始直前まで行う即時対応は、ニュースで競合するインターネットへの対抗策となっている。
・ニュース制作にあたっては、専門家の解説や図式化など、「わかりやすさ」を重視している。

情報ネタの選定基準

・情報ネタの選定基準は、今日流すべき情報かどうか、この時間に流すべき情報かどうかなど、時間バリュー（時間の優先度）と、全国規模、

関東ローカル、どの範囲におよぶニュースなのかなど、場所バリューを考えて選定をしている。
・上記の2つの基準を軸にニュースを選定するが、関連するニュースを統合（パッケージ化）して、トップニュースにすることもある。順位2番目と5番目のニュースを組み合わせてトップニュースにするなど。
・日中のフラッシュニュースでは、季節性なども考慮して、特色が出る情報を選定することもある。

テレビとSNSの情報反芻性

・ニュースの場合、情報ネタを選定するときにインターネットの情報は、参考にしていない。ニュース報道は、取材前提で選定するので、会議の場にもあがらない。報道である以上、裏が取れない情報は出せない。
・ニュースの場合は、テレビとSNSの情報の反芻は、ほぼない。
・情報系であれば、覗けるところまで覗こうというタイプの番組もあるので、ネタの選定方法は異なっている。

》 **図表3-3　番組制作におけるネタの取り込みフロー**
〈報道・ニュース系〉

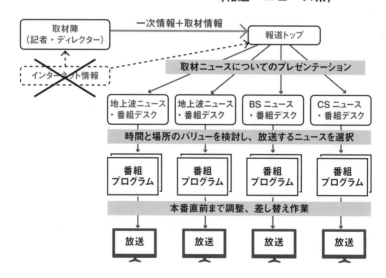

・視聴者との接点は、SNSなどによるコミュニケーションでなく、視聴率とサービスセンターに入る意見の2つである。ただし、年に1～2回は情報提供者からの電話もあるが、レアケースである。

社会現象になったニュースの取り上げ

・社会現象になってニュースを取り上げるかどうかは、視聴者の興味があるかないかの基準でなく、社会性（社会へのインパクト）があるかどうかという基準で決めている。たとえば、法改正が必要な事件や国民へのダメージが大きいトピックスは取材をはじめる。

新聞読み上げのコーナー

・テレビの中で新聞を読み上げるコーナーは、取材にかかる制作費用をカットする目的で、新聞社とのバーターなどで一部行われている。
・同様に制作費削減の目的で、コーナー単位でニュース制作を外注することもある（OEM）。

まとめ

　報道・ニュースについては、裏づけが取れないニュースソースから情報を収集し、選定することはない。また、社会現象となったできごとについても、社会性があるかどうかが基準となり、視聴者の興味だけでニュースに取り上げられることはない。

　インターネット上の情報を参考にするといったプロセスは、ニュース選定の流れ、機能に組み込まれていない。報道・ニュースにおいては、SNSとの情報の反芻はみられない。ただし、情報系では、ニュースと異なり、放送作家、リサーチャーなどがインターネットの情報をウォッチし、収集、利用することもある（図表3-3）。

> 取材で得たキーワード
> デスクのトップニュースの選定基準「時間バリュー」と「場所バリュー」、ニュースの「社会性」

取材4

Yahoo! JAPAN
伊藤儀雄氏

メディアサービスカンパニー ニュース本部編集部リーダー
Yahoo!トピックス統括

有吉健郎氏

メディアサービスカンパニー ニュース本部ニュース2部 部長
Yahoo!ニュース担当サービスマネージャー

三村友理氏

広報室

八木田愛美氏

社長室・コーポレートコミュニケーション本部 広報

（2014年8月6日実施 肩書きは取材当時）

「Yahoo! ニュース」の現況

　PC・スマホ・携帯からのアクセスは、月に85億PV。土日はスマホからのアクセスのほうが多く、2014年6月にはPCからのアクセスを上回った。スマホのアクセスが多いのは、通勤時間中と夜。ユーザーは、PCは30代男性、スマホは20代女性が多い。

　スマホではブラウザの他に、「Yahoo! ニュースアプリ」がある。アプリはプッシュ型で、1回あたりの滞在時間が長い。アプリを通して号外も配信。

　ビジネスモデルはディスプレイバナーなどの広告で、最近はリスティング広告（検索によるリターゲティング広告）や動画広告も増加。バナー広告は、インプレッションからクリック課金（CPC）に移行しており、接触者のアクションがないと厳しい。これは動画広告も同じ。

メディアとしての社会的影響力は大きい

　社会的影響力が大きいとの自覚はある。190社、250媒体から選択して全8ジャンルに分類、関連リンクをつけて1枚のパッケージに加工し、見出し13文字で掲出する形なので、自由度はそれほど高くない。
　2012年11月から「Yahoo! ニュース個人」を立ち上げて、大学教授、NPO、フリージャーナリストなど400名以上が自薦・他薦により参加し、半数がアクティブ投稿者になっている。PVに応じて書き手に対価を支払うモデルで、ここでの専門家の見地によるニュース解説などの書き込みが、SNS拡散の発端、1次情報として機能している。

編集長はおらず、編集部員は24時間、4交代制

　編集部員は25名で、24時間、4交代制。1日4000本の記事をアップし、うち「Yahoo! トップ」に掲載されるのは100本弱。
　アップまでの一連の作業はオープンなグループチャットで行っており、編集長のような人はいない。ただし、「Yahoo! トップ」記事の選出は、中堅・ベテランの部員がバランス良くなるように選んでいる。

他の報道機関のニュースはすべてチェック

　他の報道機関のニュースはチェックし、新聞も全部とってシェアする。昼のニュースは手分けして見ている。リアルタイムで掲出後の記事が読まれているかどうかチェックし、ランキングが落ちてきたら差し替える。ただし、公共性が高いものは優先して掲出。
　シェアの数や公式FBの「いいね！」数などからランキングを算出。
　記事掲出を1人で判断しなければならない現場もあるので、グループチャットなどを使って、事後の振り返りはマメにやっている。
　PV比では、新聞やテレビのニュースが多くなる。「みん経（みんなの経済新聞ネットワーク）」など、ネット専業メディアでも存在感のある記事は紹介して、他との差別化を図っている。これらの記事はシェアされやすい。

テレビとSNS情報の反芻性は？

どこが起点になっているかがまちまちで、判定がむずかしい。

「アイドルA」（九州のご当地アイドルグループメンバー）は、まずネットで「奇跡の1枚」と呼ばれる画像が話題になり、NAVERまとめで紹介され、テレビで取り上げられ、ネットニュースで、さらに盛り上がって行った。博報堂DYメディアパートナーズの「コンテンツファン発火モデル」を実証するようなケースである。

「Yahoo! ニュース」の前でも、まとめサイトが取り扱うことで、テレビ朝日「グッドモーニング！」の「Yahoo! 検索ランキング」で紹介され、それから話題になることもある。

テレビとSNSの連動では、「半沢直樹」「あまちゃん」などが代表的事例である。とにかくよく読まれるので、「Yahoo! トピックス」でも毎日載せた。

広告では、東京ガスの就活CMが放送中止になった件に、世論が反応して話題になった。

「ふなっしー」がブレイクしたのも、アサヒ十六茶のCMお披露目イベントのテレビ報道 → 情報ワイド番組「スッキリ‼」出演→SNSでフ

» **図表3-4　Yahoo! ニュース掲出の編集プロセス**

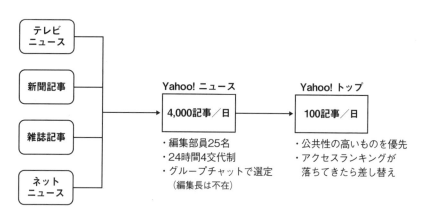

ォロワー数急増、が発火点。

「Yahoo!」「Yahoo! ニュース」の今後

　ブランドメッセージを伝える場所として、動画広告の需要が増えている。

　6、7年前から右上の300×250ピクセルの場所をメイン広告枠にしているが、今後は動画になっていくと思われる。

　スマホ時代になって、画像・動画つきが普通になるなど、ビジュアル化が進行するだろう。

　しかし、動画広告によって、ニュース体験が阻害されてしまうのではないか、と危惧している。ニュースサイトでも、すぐに本題に入らず動画広告が表示されると、大量離脱してしまう、という結果が出ている。

　そこで、Yahoo!トップ以外の起点として、スマホアプリを用意した。

　今後はSNSの起点をどうするか、要検討している。Facebookアカウントの17万人に投げるなどの工夫が必要となりそうだ（図表3-4）。

取材で得たキーワード
土日はスマホからのアクセス、190社250媒体から選択、8ジャンルに分類、記事1日4,000本、トップ掲載は100本、アクセス数による記事の差し替え、シェア数、「いいね」数からランキング算出、ネット動画広告の重要性。

「メディア関係者」取材まとめ

　メディアの情報を最前線で扱う人たちを取材して、各メディア間での情報の取り方や反芻、再編集の実際が確認できた。そこでは、第1次情報を基本とするニュース、2次情報をネタとしてオンエアする情報番組、そして、それらを組織的に選別し、掲載する「Yahoo! ニュース」などのネットニュース、1次情報がさまざまな形で料理され、反芻される。

　また、番組制作の際に重要な役割を担うのが「リサーチャー」の存在

である。彼らが各媒体、各ジャンル、リアル、ネットからネタを探し、それを放送作家やディレクターが番組のコーナー企画などに仕立て上げる。また、他局が放送したネタを自局でも取り上げるネタ追いなども行われる。「Yahoo! ニュース」においては、190社250媒体からニュースを選択し8ジャンルに分類する。記事・1日4,000本をすべてチェックし、アクセス数（シェア数・「いいね」数からランキング算出）からトップ記事を差し替えるという徹底ぶりである。1本の情報は、多数のプラットフォームに、ニュースやネタとなって反芻、拡散される。

　博報堂DYメディアパートナーズ・メディア環境研究所の取材では、クチコミの高速化と「発火モデル」としてメディアのシンクロ体験を提示している。コンテンツ消費のための複数の接触の場が重要であるという。そして、ヒットしているというニュースによって、後からヒットコンテンツに乗るヒットライダー層が多数存在し、後追いのヒット現象が起こることも明らかにしている。

　メディア関係者の取材から、情報が情報を生み、繰り返すことでまた新たなコンテンツが生まれ、そこに乗る層が多く存在することで、これまでのヒットのカタチと異なる状況がこのソーシャルメディア環境下では存在することが改めて確認できた。

第4章

新たな「メディア・コミュニケーション概念」の導出

先行研究、メディア関係者取材、本研究のプロジェクトメンバーで18回にわたる議論や合宿を行った（2014年4月～2015年11月）。その議論中に、メディア・コミュニケーションで、現在、起こっている現象から新たな概念の提示を行った。また、伝わるための情報の中身と伝え手の変化、コンテンツ・ヒットのしくみの変化などにも言及した。それらをまとめることで仮説の導出へとつなげている。

1 「環メディア」──メディアをつなぐ現象

　実務におけるマスメディアとネットメディアとの連携によるコミュニケーションデザインは、それぞれを入り口として、メディアをクロスさせ情報認知、参加、拡散へと導くものが主流である。しかし、それを学際的な視点で分析し、そのメカニズムまで追及するものはなかった。
　そこで、マスメディアとソーシャルメディア間の話題（ネタ）の反芻性とソーシャルメディア環境下での能動的なメディアの受け手に焦点を当て、その実態の検証を試みることにした。
　「アイドルA」「ふなっしー」それぞれの事例を、「SNSでのつぶやき」「テレビでの露出」「イベントへの参加」「受け手の参加性」などを指標として見たとき、当初立てた仮説よりもっと「重層的なメディア間の情報の反芻性」や「瞬間風速的な情報の拡散」があることがわかった。
　そのメカニズムは、図表4-1、図表4-2に示すように、マスメディアやSNSからの情報をキュレーション・メディアが取り上げることで情報のメディア間反芻が起こり、そこに情報の集積・拡散の場が発生して、マスとソーシャルそれぞれのメディアでの情報拡散が急激に活発化することを発見した。現在のメディア環境下では、明らかにこれまでと異なるメディア間の反芻・共創作用が働いており、そういった作用がコンテンツのヒットに大きく関与しているのである。我々はこのメディア間の作用を、「環メディア」と名づけた。
　その現象は、テレビなどのマスメディアのワンシーンやタレントの言葉、「ランキング」「まとめサイト」のようなキュレーション・メディア、あるいはツイッターなどのSNSに投じられた1枚の写真や際立ったキャッチコピーがきっかけとなって生まれ、複数メディアが連携することで、情報集積・拡散が大きくなっていく（図表4-3）。それは、あたかも熱帯低気圧が発生したところに、他の低気圧や高い海水温が加わったことで台風が発生するしくみに似ている。台風は周りに強風や高波など強い影響をおよぼし、その動きは制御不能である。

図表4-1 「環メディア」の存在とその役割

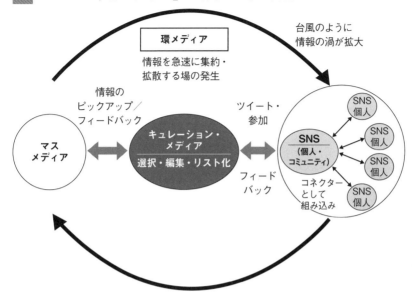

図表4-2 各メディアの効果、役割、カタチ

	マスメディア ←	→ キュレーション・メディア ←	→ ソーシャルメディア
コミュニケーションの効果	広く全世代へのリーチ 社会の認証	情報の格づけ、選別によって新たなコミュニケーションを喚起する	不特定多数との弱いつながり、趣味別、嗜好別など、コミュニティ内での濃いつながり
取材・編集とその程度	社の独自取材・独自編集	再編集された場 自動選択編集 個人の意図的、感覚的選択・編集	個人の独自情報選択・個人の独自編集 編集なし、シェア
情報を管理する者	メディア企業 社会通念	キュレーターとしての企業・個人	個人 コミュニティ
発信情報の段階	一次情報 他メディア、同メディアで話題になっている情報	二次〜n次情報 マスメディアのネタ、Webで盛り上がっているネタ ランキング上位ネタ	一次情報およびn次情報 個人の経験 マスメディア、Web情報など個人の興味のある情報
情報のカタチ	ニュース（映像・記事） ワイドショーネタ テレビCMなど	みんなの意見 順位づけされた情報 個人の価値や感性によって選ばれた情報など	コメント コメントなしツイート 映像（動画、画像） 文章など

図表4-3 メディアコミュニケーションの段階「リーチ」と「エンゲージメント」

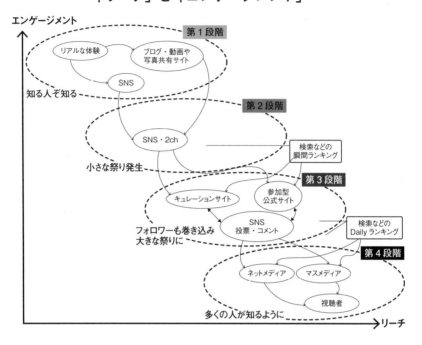

　ひとつのアナロジーを示してみよう。われわれが仮説として提示している「環メディア」(その部分機能としての「キュレーション・メディア」)と「AKB総選挙」との類似性である。たとえば、秋元康のような総合プロデューサーが、AKBというアイドルユニットとそのしくみをつくり世に送り出したが、その中で特筆すべきは、「AKB総選挙」である。総選挙とはまさに、「みんなが参加できる共創の場」であり、みんなの意見が集約されるという意味で民主主義的な場となっている。彼女たちのランキングは、しかけた秋元康の決めたことではなく、みんなの投票で決めたことである。

　権威から押しつけられた評価ではなく、自分たちの評価が反映されたことで、人々はAKBを(秋元康がプロデュースしたものではありながら)、

自分たちのコンテンツとして愛して応援するのである。

　スマートフォンなど、発信できるメディアを手にした生活者は、先行研究での指摘にもあるが、企業や権威からの一方的な価値観や情報は積極的にはeクチコミ（ツイッターなど）しない。それぞれの立場で自分の考えを発信し、さらに共創の場を大きくする傾向がある[7]。それが、まとめサイトやWEBのランキングを通じて、マスメディアの情報番組への露出につながっていく。そこでは、みんなの話題を社会に投じるプロデューサー（広い意味での「キュレーター」）の役割を担う個人の重要性も同時に議論した。

7　濱岡（1994）は、広告からの情報が他の消費者に発信されないのに対し、クチコミの情報は他者に広がりやすいことを提示しており、企業や権威からの一方的な情報は現ソーシャルメディア環境下では、リツィートされない（広がらない）情報になってしまう。

2　情報の質的要素と伝え手

　マスメディアがあらゆる情報の中心の時代は、広告効果指標は「GRP（Gross Rating Points）」で、広告の総露出量が重要視された。ところが、受け手も情報の主体となれるソーシャルメディア環境下では、マスメディアから多くの個人へという一元的な情報の流れではなく、個人の興味（共感）のもとで多元的に発信される。

　マスメディアが情報を取材し、編集し、発信するという、いわば情報の一元化時代から、個人が自由に情報を送受信できる「情報の民主化」が進展している。情報が民主化された時代には、共感できる情報やネタが最も重視される。そこに、人（情報・コメント）が集い、それがまた情報拡散される。現在のようなマスメディアとネットメディアが混在する時代には、共感やツッコミなど他者がコミットしたくなる情報の質が重要になる。

　情報の質とは何だろうか。情報の信頼性やエンターテインメント性の

高さ、楽しさ喚起力などで、私たちの研究プロジェクトでは、「情報の熱量が高いもの」と位置づけた[8]。たとえば、ネタの新規性（鮮度）、社会性、事件性、奇抜性（不思議）、偶然性（しかけたものでない）などが重要である。「情報の熱量」とは、事例の中から分析がなされ発見された概念である[9]。

また、1億総情報発信時代とはいっても、発信する「個人」が重要で、フォロワー数が多い、もしくはRT（リツイート）が多い「個人」がハブとなり、広くフォロアーに流れる。山本（2014）も指摘するように、ハブとなる人間が重要で、情報のキュレーターの役割をする。氾濫する情報の中から、自分と似ていてちょっと物知りな人が情報をキュレーションし、提示する。情報洪水時代には、「キュレーター」と「エディター」の役割が、次の情報への橋渡しをする重要なハブとなる。ハブ・パーソンは、マスメディア時代には、○○大学教授とか、○○総研主席研究員とか肩書が必要だったが、ネット時代の権威には肩書は必要ない。YouTuberたちのように、内容しだいでオーソリティになれる。山本（2014）のいう「草の根インフルエンサー」である。そういった、街場のオーソリティが、知識の深さでもスピードでも、専門家を凌駕する時代である。

---

[8] 里村、濱岡（2007）において、eクチコミは、「楽しさ」や「自己効力感」が要因となるという知見がある。本プロジェクトでは、エンターテインメント性や突っ込みどころがあっておもしろがれるコメントやワードなどを情報の質的要素とした。
[9] NNNの報道プロデューサーでの取材（取材3参照）において、情報がニュースとなるときは、そのネタが社会的意義を持ったときであるとの指摘があった。コンテンツ（ネタ）が、情報番組からニュース番組へと移行したとき、情報は世代を跨いで広く浸透する。世代や性別なども、ある意味では、「大きなコクーン」である。

3 アーカイブ化とヒットの2段階仮説

博報堂DYメディアパートナーズ・メディア環境研究所の提示する「後のりヒット論」の提示や「アイドルA」「ふなっしー」の事例をみても、

コンテンツの普及は、かつてロジャースが提示したイノベーター理論とは、異なる展開になることが確認できた。旧来型のイノベーションの普及理論が通用しなくなった大きな要因の一つは、インターネットの普及とデジタル化による記録メディアの進化による。

　クラウド側に個人が巨大な情報のアーカイブを獲得して、過去の映像コンテンツが自分の手元でいつでもきれいな形で再生できるようになったのである。こうして過去情報の遡及が可能になったことで、最初からそのコンテンツを見ていなくても（最初のヤマに乗り遅れても）、どこからでもその祭りに参加できるようになった。したがって、ヒット曲線はきれいな一山ではなく、後乗りの山ができることになる。これが、私たちが主張する「2段階普及説」の根拠である。

　現在、クールジャパン政策などの影響もあり、アイドルやアニメなど趣味を同じくするコミュニティが全国に多数存在している。本プロジェクトでは、関心領域を共有するこうしたコミュニティを「コクーン」（繭）と呼ぶことにした。しかし、そういったコミュニティも、ある情報をきっかけにコクーンの殻が破れ、それぞれが合体して共通の目的に向かう大きな塊となることがある。さらに、マスメディアも含めた情報の伝播によって、世代間を超えて社会的に認められる大ヒットにつながる場合もある。

　この現象のことを、「コクーン・ブレイクモデル」と名づけた。現社会状況の中で、限られた趣味のコミュニティで盛り上がっている情報は、ほとんどがネットのコミュニティの中で消費されている（98％の比率）。なかなか同じ趣味のコミュニティや世代の壁を越えて外に出てはいかない。情報はかつてのように、マスメディアを通じて一気に伝播することは稀である。大ヒットが起こるケース（2％の比率）では、世代や趣味のコクーンの中で醸成されていた情報エネルギーが、あるきっかけによって破れて、それが他のコクーンに浸透し、大きなムーブメントになるのではないかということである。

　コミュニティやある世代で盛り上がっている情報が一般化するのは、囲われていた情報が、メディア間を跨いで外に出たときである。そうい

った情報が、マスメディアのニュース番組にとりあげられたとき、広く世代を超え趣味の異なるコミュニティにも届くことになる。すなわち、「ネット住民」と「テレビ住民」（旧メディア住民）の垣根がとれた瞬間である。

たとえば、子供たちの間で流行っていた「妖怪ウォッチ」のメダルを買うために、親たちが行列をつくったといった情報がニュースとして流れる。その瞬間に、そのコンテンツはまったく興味のなかった大人たちも興味を持ち、「それ、知ってる」という気持ちと「知らないとまずい」という気持ちが心の中に生じる。自分の興味の領域外にあった情報が、短時間で「自分事化」するのである。それを生み出すのは、マスメディアの「追い焚き機能」といえるだろう。

そして、2例による分析の中で、世代や趣味のコクーンが破れ、ヒットの芽がでる段階（発芽、発火）と、それ以降の情報伝播のメカニズムは異なるのではないかとの仮説を立てることになった。

すなわち、限られたコミュニティにおいては、情報伝播の主要手段はスマートフォンなどのソーシャルメディアであり、それを一般化して広く世間に情報を拡散するときに主体となるのはテレビを中心としたマスメディアである。

ソーシャルメディアを中心とした情報の累積（小文字の）grpとマスメディアにおける（大文字の）GRPが、それぞれコンテンツの発芽前、発芽後に作用するというコンテンツ・ヒットの2段階仮説である（図表4-4）。

コンテンツ情報の芽が出るまでは、リツイート数などのネット上の情報の累積＝grpが有効に働き、それ以降では、マスメディアでの番組露出＝GRPがコンテンツ・ヒットの条件になる。この仮説が、次章の事例を通して検証されることになる。

4 SNSとコミュニケーション速度 「時間」概念の導入

情報が伝播・拡散し、小さなコクーンをブレイクさせるためには、「情

> **図表4-4 「コンテンツ・ヒットの2段階」イメージ**

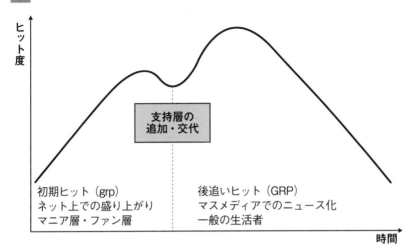

報の量」と伝播しやすい言葉などの「情報の質」に加えて、「時間」の要素も必要である。そう考えた根拠のひとつは、博報堂DYメディアパートナーズ・メディア環境研究所への取材である。

同研究所は、クチコミの高速化、すなわち多量のリツイートが短期間に多量に行われる状況に注目している。一定時間でのリツイートの瞬間風速が起こったときに、「コクーン」が破裂して、広くコンテンツが世の中に送り出されている。

SNSの普及で、映像や画像などの情報をコメントなしで次々と転送することによって短期間での瞬間風速的な情報伝播が起こる。日常のコミュニケーションでも、LINEのスタンプでの返信など、リアクションタイムの短縮化が加速している。

現在のメディア環境下では、「量」と「質」と「時間」、この3要素の掛け算を、コンテンツ発芽の条件=「情報の総熱量」と、とらえてみた。情報の蓄積がコンテンツを芽吹かせる状況は、桜の開花など自然界の仕組みにも似ているものである（図表4-5）[10]。

第4章　新たな「メディア・コミュニケーション概念」の導出

》 図表4-5　コクーン・ブレイクのための総熱量

時間当たり総熱量 $(g_t) = r_t \times f_t \times q_t$

各変数の推移パターン

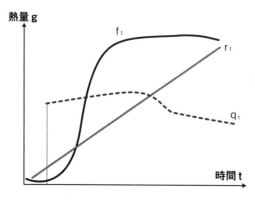

r_t：量（時間当たり）
f_t：フリークエンシー（時間当たり）フィードバック、リツイート、口コミ
q_t：クオリティ（時間当たり）熱い言葉、感染力、伝播力
t：単位時間

10　自然界に存在する閾値現象の研究の例としては、休眠打破と積算温度の関係を分析するソメイヨシノの開花予測モデルが挙げられる。たとえば、朝倉利員（2011）「ソメイヨシノ開花予測のための一般化モデルとパラメータの最適化法」『社団法人日本気象学会大会講演予講集』99, 392頁, 2011年4月30日。
http://ci.nii.ac.jp/lognavi?name=nels&lang=jp&type=pdf&id=ART0009759760 （2015年6月10日アクセス）

第5章

事例分析
「タレント・キャラクター」から「一般消費財」へ

第4章では、ソーシャルメディア環境下における新たなコミュニケーション概念の提示を行った。第5章では、それをもとに仮説の提示を行い、仮説を検証の枠組みとその説明を行う。その後、5つのケースの検証と、その分析結果を示す。

1 「仮説の提示」と「検証の枠組み」

　先行研究、メディア関係者取材、プロジェクトでの議論から導出された仮説は、次の3つである。
①情報の総熱量仮説（発芽点仮説）
　「コンテンツが発芽（コクーン・ブレイク）するためには、時間当たりの情報の総熱量が必要である」。
　なお、ここで情報の総熱量とは、一定時間での情報の量（リーチ）と接触頻度（フリークエンシー）と質（情報内容）である。
　　時間当たり総熱量（g_t）＝$r_t × f_t × q_t$
②環メディアによる情報拡散
　「情報は『環メディア』によって、急速に拡大・拡散される」。
　すなわち、ソーシャルメディア、マスメディア、キュレーション・メディアのメディア間反芻作用が起こったときに、瞬間風速的に情報が広く拡散される。
③コンテンツ・ヒットの2段階仮説
　「SNS時代の大ヒットは、世代や趣味のコクーンが破れヒットの芽が出る段階と、それ以降のマスメディアでの露出が行われた段階から構成される」。そして、ヒットの大きさを左右するのは、地ならし期（ブレイクする前）での情報エネルギーの蓄えである。

　3つの仮説を事例検証するために、近年ヒットした「アイドルA」と「ふなっしー」の事例を用いることにする。そこでの情報の流れと連携など情報伝播のメカニズムを検証する。さらに、同じ枠組みを用いて、一般消費財であるサントリーの「レモンジーナ」と「ヨーグリーナ」、相模屋食料の「ザクとうふ」の情報伝播とヒットのしくみの分析を行った。
　分析の枠組みとしては、限られた人たちによる同趣味のコクーンが、情報の伝播によってどのように破れ、コクーン同士がつながって、趣味や世代を超え大きな塊になっていくのかを図表5-1で示す枠組みで検証

した。それを植物の成長になぞらえた5段階の枠組み、「地ならし期」→「発芽期（点）」→「成長期」→「開花・満開期」→「落葉期」とし、それぞれの段階でのメディアの別、情報の中身、ターゲット別などの情報を集約し、検証した。

「地ならし期」とは、同趣味、同地域などの小さなコミュニティ＝「コクーン」内でのコアなファンだけが知る時期、「発芽期（点）」は、あるできごとをきっかけに小さなコクーンが破れ、他のコクーンや一部の先取り層に発見された時期（瞬間）、「成長期」とは、頭角を現した後にその存在が複数のメディアによって紹介され、メディア間（世代間、趣味の枠など）を超えて拡散される時期、「落葉期」とはそのコンテンツに関する興味が薄れ情報が減少する時期である。

図表5-1　事例検証の枠組みと露出メディア

	地ならし期	発芽期（点）	成長期	開花・満開期	落葉期
概略	力を蓄える時期 コアのファンを地道に増やす時期	あるできごとをきっかけに、頭角を現す時期（瞬間） コクーンが破れ、認知者が急増	複数のメディアに露出、人気ランキング上昇 コクーンの融合、拡大。旬・話題の時期	認知が世代を超えて一般化、多数のメディアで露出、さまざまな新しい場・試みへの挑戦	情報の鮮度がなくなり、マンネリ化 メディアの露出減少

2　仮説検証①　「アイドルA」

イントロダクション
1枚の写真がご当地アイドルを全国区へ

2013年11月5日、あるアイドルが踊っている1枚の写真が2ちゃんねるやTwitterなどネット上を駆け巡る。この現象は、すぐにネットからテレビへと拡散。5日の23時半からはじまるNHKのニュース番組、「NEWS WEB」内のコーナー「つぶやきビッグデータ」の中で、いまTwitterで話題の人物として取り上げられる。翌日早朝には、テレビ朝日の情報番

組「グッド！モーニング」で「Yahoo! 検索ランキング」上位として特集が組まれた。

このアイドルは、これ以降、テレビの情報番組、雑誌、CM、ドラマ出演、映画出演など次々と活躍の場を広げていくことになる。

全国的にはほとんど無名だった1人のアイドルの1枚の写真をきっかけに、わずか数日のうちに旬のアイドルとなったこの現象は、ネット時代ならではのシンデレラストーリーとして当時、大きな注目を集めた。この数日間に、① 話題はどのように喚起され、②どのようなプロセスを経て伝播していったのかを以降、詳細に追っていくこととする。

ブレイクまでの推移――きっかけは東京遠征

地ならし期

このアイドル（以降、「アイドルA」と表記）は、小学校3年の頃から地方の芸能事務所に所属。弁当チェーン店のCMに出演、2011年には脇役ながら映画に出演、中学生アイドル雑誌の表紙を飾るなど一部では知られた存在だった。この頃からすでに注目していた熱心なファンは、イベントでの写真や動画を撮影してブログに公開している。

ブレイクのきっかけとなったのは、2013年の11月2日から4日かけて行われた所属グループの東京遠征だったとみられる。

図表5−2は、ネット上の盛り上がりについて、Twitterの投稿件数とGoogleの検索ボリューム指数（最大検索数＝100とした指標）の推移を表したものである。Twitterの投稿件数は、ブームが発生する前（11月1日）の64件から、4日後（11月5日）には1万7,794件と280倍まで急増している。その後、検索数については、「Yahoo! トピックス」で取り上げられた11月7日に少し遅れてピークを迎えている。この間、わずか1週間弱のできごとであり、極めて短期間のうちに情報が拡散していったことがみてとれる。次は、この数日間のできごとを1日単位でみていきたい。

発芽期

まず、東京遠征がきっかけとなり、11月2日に匿名掲示板の「2ちゃ

» 図表5-2 「アイドルA」のTwitter投稿数と google検索ボリュームの推移

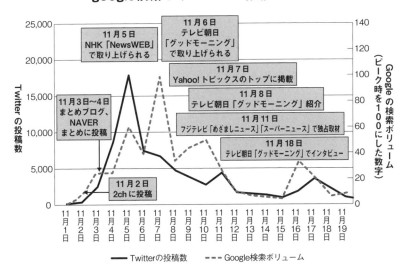

ねる」に「アイドルA」の写真が投稿。これを皮切りに、公式のプロフィール情報、イベントでの写真、YouTubeの動画といった「アイドルA」に関する情報が次々と掲示板に投稿された。11月3日になると、これらの情報は、「2ちゃんねる」で話題になったスレッドを要約した「まとめブログ」と呼ばれるブログや「NAVERまとめ」といったキュレーションサイトへの投稿が増加。これらのサイトを紹介する形でTwitterの書き込み数は前日の301件から2,547件に急増する。

11月4日になると、Twitterの投稿はさらに増加。11月5日には、これらのネットでの盛り上がりをまとめる形でネットメディアが記事を配信。また、アイドルおたくで有名なSKE48のアイドル（当時）、松井玲奈がTwitterで「アイドルAちゃんが可愛すぎて生きていく気持ちが芽生えました」とツイート。アイドルが認めるアイドルとして、話題の拡散をさらに後押しした。

この日、ネット上での盛り上がりはピークに達し、Twitterの投稿数は1万7,794件にまで増加した。この盛り上がりは、すぐにテレビに拡散。

同日夜のNHK「NEWS WEB」にて、Twitterで話題になった単語を取り上げるコーナー「つぶやきビッグデータ」で紹介され、翌日6日の早朝には、テレビ朝日「グッド！モーニング」がYahooリアルタイム検索で話題の人物として取り上げられた。

成長期

11月6日以降、Twitterの書き込み数は次第に減少していく一方、マスメディア上の露出は増加していく。ネットでは7日に「Yahoo！トピックス」のトップに掲載、Googleの検索数も大幅に増加する。テレビでは8日にテレビ朝日の「グッドモーニング」が再び紹介。11日には、フジテレビ「めざましテレビ」、「スーパーニュース」が本人への取材を交えて特集を組み、18日にテレビ朝日「グッドモーニング」がインタビューを放映するなど、全国的に旬な有名人として認知されることになった。

事例の特異性
リツイート率の増加が、ヒット現象の先行指数へ

ここでは、開花モデルのフォーマットと適合させて表示し、この数日間に起こったできごとについてまとめてみることにする（図表5-3）。

地ならし期 熱いファンがネットに情報を蓄積

ブレイクする以前の「地ならし期」、「アイドルA」のファンはイベントに参加して撮影した写真や動画をブログやYouTubeに投稿していた。この時期は、先に述べたように、非常に熱心なファンが小さい「コクーン」を形成。ただ、投稿される情報はマニアックなものが多かったこともあり、一般の人との情報格差はまだ大きく、情報が外に出てくることはなかった。

発芽期① 「2ちゃんねる」が最初に反応し、地ならし期の情報が発掘

11月2日以降、匿名掲示板「2ちゃんねる」への投稿をきっかけに「発芽期」がはじまる。

図表5-3 開花モデル「アイドルA」

	地ならし期	発芽期（点）	成長期
概略	基幹ブランドのファンが形成される時期	事件やきっかけにより急激にソーシャルメディアで認知が広がる時期	マスメディアとソーシャルメディアで情報が拡散し、話題が広がっている時期
キーワード	・「目利き」 ・「熱いつぶやき」	・「千年に一人の逸材」 ・「可愛すぎる」 ・「天使」 ・「ローカルにはもったいない」	・「今、話題のアイドル」 ・「旬のアイドル」
反応している人	・イノベーター 　（思い入れの強いマニア層） ・アーリーアダプター	・アーリーアダプター 　感度の高い層が反応 ・オーソリティ 　（SKE松井怜奈※当時）	・アーリーマジョリティ・レイトマジョリティ 　（テレビの視聴者）
マスメディア (インターネット広告含む)	・弁当チェーン店のCM ・映画の脇役 ・中学生アイドル雑誌	・NHK「NEWSWEB」 ・テレ朝「グッドモーニング」	・フジテレビ 「めざましテレビ」 ・フジテレビ 「スーパーニュース」 ・テレ朝「グッドモーニング」 ・大手6社のCM ・大手ファッション誌の表紙 ・各賞受賞 ・映画出演
キュレーションメディア		・検索ランキング ・2ちゃんねるまとめブログ ・NAVERまとめ	
ソーシャルメディア	・ブログにファンが画像や記事を投稿 ・地元のイベントを、ファンがYouTubeに投稿	・Twitter	・公式Twitterアカウント開始 （公式サイトも大幅コンテンツ拡充）

　興味の高まりは検索行動を喚起。公式情報のプロフィール情報の他、「地ならし期」に蓄積されたイベント活動の写真や動画が検索によって掘り起こされ、大量に集められた。この中には、のちに「奇跡の1枚」として拡散する写真も含まれていた。このとき、反応していた人たちの投稿からは、別のアイドルと比較した書き方が目立つなど、地ならし期のコアなファン層よりも一般的なアイドルファンであることがうかがえる。発芽期の最初の段階において「地ならし期」のコアなファンで形成されていた小さな「コクーン」は破れ、より一般的なアイドルファンの

やや大きな「コクーン」へと拡散していったものと考えられる。

発芽期②　集められた情報は、キュレーションサイトによって要約
　Twitterの投稿が急激に増加し始めた11月3日から4日にかけては、2ちゃんねる上に集まった情報の要約がまとめブログやNAVERまとめといったキュレーションサイトを通じて行われた。キュレーションサイトをつくる人たちのモチベーションは、広告収入にある。多くの来訪者を集めることが広告収入の増加につながるため、情報がまだ旬なうちに、様々なキャッチコピーをつけたキュレーションサイトが大量に発生した。

発芽期③　投票で、よりキャッチーなまとめ方をした情報に選別
　Twitterでは、より人目を惹くキャッチコピーであるほどリツイート（他者への転送）を集めることができるため、時間の経過とともに幾つかのキュレーションサイトへと収束していく。ここではTwitterは良いキャッチコピーの人気投票の機能を果たしており、のちにテレビや雑誌でも定着していくキャッチコピーもここから生まれることになった。

発芽期④　オーソリティが拡散を加速、「祭り」に参加する人が増加
　11月5日になると、「キャッチーな写真」と「キャッチーなコピー」を得たキュレーションサイトに加えて、SKE48松井玲奈というオーソリティの後押しもあり、Twitter上を流れる情報のスピードは急速に上がり、ツイート数はピークに達した。
　このとき、反応していたのは「旬な話題が好きな人たち」とみられ、アイドルファンの「コクーン」は破れて、さらに大きな拡散をみせる。
　図表5-4は、ツイート数に占めるリツイート数（転送ツイート）の割合を示したものである。ここから、急激に話題が拡散していったこの時期のリツイート率は通常時の40％と比べて76％と高くなっていることがみてとれる。「他者のツイートをただ転送する」という行動が増加した要因としては、今、話題の写真を拡散するという活動に自分も参加しているという、「祭り」への参加意識が背景にあったとも考えられる。こ

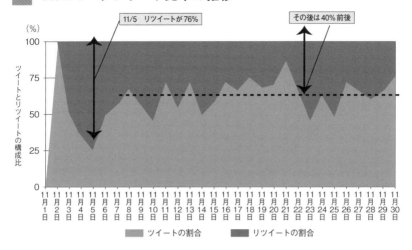

図表5-4 リツイート比率の推移

れと同様の現象は、株式会社桃屋のヒット商品「辛そうで辛くない少し辛いラー油」がヒットしたときにも起こっており、リツイート率の増加は、ヒット現象の先行指数になる可能性を示している[11]。

成長期：検索エンジンなどの急上昇センサーが反応、マスメディアに露出

この後、「アイドルA」は次々とテレビに取り上げられることになり、ネットには関心がない人へと拡散する。その際、ネット上の話題をテレビなどマスメディアへとつなげる役割を担ったのは「急上昇ランキング」といったセンサーである。NHK「NEWS WEB」はTwitterの急上昇ワードをとらえ、テレビ朝日の「グッド！ モーニング」では、Yahoo!の急上昇ワードが番組で紹介されるきっかけとなった。

まとめ
短期間の検索やツイートが拡散を促進

これまでみてきたように、ネットで最初に話題になってから、テレビに取り上げられるまでのわずか4、5日の間に、「アイドルA」という話題は、①検索によって過去情報が集められ、② キュレーションサイトで要約、③Twitterでの投票により、キュレーションサイトが選別され、

④ ネット上を拡散。さらにネット内で閉じることなく、⑤「急上昇ランキング」という瞬間風速をとらえるセンサーによって、テレビへと拡散していった。

このように次々とメディアが連動して「コクーン」を破っていくためには、必要な要素がいくつかあると考えられる。

・話題が喚起された後に検索で集めてもらうため、ネット上に動画や画像などが一定量のデータが蓄積されている。
・キュレーションサイトで要約してもらうため、一般性のある形での話題性。
・Twitter上を高速で流れるタイムラインからみつけて転送してもらうため、ひと目でおもしろそうだと理解してもらう良質なキャッチコピーやキャッチーな画像。
・テレビやネットメディアのセンサーに検知されるため、検索の急上昇ランキングやTwitterの急上昇ワードに入る必要がある。このため、瞬間風速的な書き込み数や検索数の増加。

「アイドルA」の事例では、検索やツイートの投稿といった行動が非常に短い時間の中で起こったことで、検索やツイッター、キュレーションサイトのネタを探している人など各種センサーにヒットし、急激な話題の拡散が起こったことがわかる。これら多数のメディアやネットサービスが次々と連携しながら「環メディア」を形成し、共創の場として機能していたことを表していると考えられる。

11　日経リサーチ、NEC ビッグローブ(2010) 「ツイッターの返信・転送比率に先行指標性 〜ツイッター分析でみる『食べるラー油ブーム』のクチコミ分析〜」2010年9月8日。
　　http://www.nikkei-r.co.jp/news/2010/09/08/post_64/

3 仮説検証② 「ふなっしー」

イントロダクション
偶然のテレビ番組出演でブレイク　一躍日本有数のキャラに

　偶然の積み重ねによるテレビ番組出演でブレイク、TVの評判がSNSで拡散されることで日本有数の人気者になったのが、千葉県船橋市非公認のご当地キャラ「ふなっしー」だ（図表5－5）。

　人を喰ったコメントや激しい動きなどの奇抜性だけでなく、自身のTwitterが情報発信源として常に中心に位置していること、そしてしかけ人のいない偶然性の積み重ねでヒットしたことが、他の事例と著しく異なる。

　1年3カ月におよぶ地ならし期では、Twitterでの発言やイベントゲリ

》　図表5-5　ふなっしー

©ふなっしー

ラ参加、自撮り動画アップを行い、徐々にではあるがご当地キャラ好きのコアファンに注目されていった。

発芽期（点）は、2013年2月のアサヒ飲料「十六茶」テレビCMへの抜擢および記者発表会だ。ここで初めて世間一般に注目され、1週間後の日本テレビ情報ワイド「スッキリ‼」生出演で加藤浩次氏に投げられる映像がネットで瞬時に拡散されて、しゃべって飛び跳ねる異色のキャラとして一躍時代の寵児となる。

成長期では、2013年8月に日本百貨店協会主催「ご当地キャラ総選挙」で優勝、同年10月には船橋市長から感謝状授与、12月にはNHK「紅白歌合戦」に生出演。その勢いはとどまるところを知らず、Twitterフォロワー数は143万6,585人とご当地キャラトップで、グッズ売り上げも好調。[12]

2015年8月に外務省から香港フードエキスポ2015の「東日本美味しい魅力展」応援大使としてAKB48チーム8と共に任命されるなど、今も活躍の場を広げている。

ブレイクまでの推移──　一個人がTwitterで活動開始

① 地ならし期　キャラクター好意度0％、狭いコクーンに留まる

2011年11月に船橋市在住の一個人（本人は「一個梨」と呼称）がTwitterで活動開始。書込み内容およびフォロワーとのやり取りでのスタンスは今と変わらず安定しているが、フォロワー数は1,000に遠かった。

2012年4月に着ぐるみが登場してからは、自撮り動画のYouTube掲載や各種イベントゲリラ参加などの活動をTwitterで自ら発信し続けることで徐々に支持を増やしていった。10月以降は主催者から呼ばれて、ご当地キャラが多く集まるイベントへの参加を重ねる。

この頃から激しい動きに加えてハイテンションなトークで注目を集めていくも、2012年12月時点調査での純粋想起によるキャラクター好意度は0％で、評判はご当地キャラのコアファンおよび他キャラ運営団体だけの、狭いコクーンの中に留まっていた。[13]

② 発芽期（点）特異なご当地キャラとしてテレビCMで注目

　着ぐるみ登場から10カ月弱、2013年2月に出稿開始のアサヒ飲料「十六茶」テレビCMに出演することになり、全国54体のご当地キャラの千葉県代表として抽選で抜擢されて、2月4日の記者発表会に出演した。そのときのパフォーマンスがテレビ各局の情報ワイド番組で報道されて、その存在が初めて世間一般に注目された。

　翌週の2月11日に日本テレビ「スッキリ!!」に生出演するや、独特な動きや発言がTwitterで実況された。相撲対決でメイン司会の加藤浩次氏に投げられる映像は、ファンの手でネットに掲載され、Google検索数、Twitter書込み数とも、過去最大値を記録した。[14]

　このときのTwitterへの書込み内容は、「やばい、イカレてる、怖い」「すげえ、かわいい、ワロス」「しゃべったぁあａｗｗきめえええｗｗｗ」「スッキリ！で放送事故!!!」など、奇抜性や事件性を帯びたものであった。

　このテレビ番組生出演ハプニングを契機に、「十六茶」テレビCMの継続出稿も話題を後押しする形で、ニッチでマニアックなファンのコクーンが破れる。「くまモン」など数キャラ以外は全国規模で人気がなかった公式キャラとは異質の存在として、おもしろネタ好きの若者で構成される高感度層コクーンへと話題が拡散していった（図表5-6）。[15]

③ 成長期　テレビ各局への出演でTwitterで書き込みが加速度的に増加

　2月12日以降、情報ワイド、バラエティなどでテレビ各局に出演するたび、Twitter書込み数およびフォロワー数は加速度的に増加していった。特に3月10日の日本テレビ「行列のできる法律相談所」では、Twitter書込数が過去最大記録を更新した。その後、レギュラー出演者で熱烈なサポーターの大渕愛子弁護士は、「ふなっしー」コアファンの同年代女性たちの共感と信頼を集める象徴的存在となっていった。

　ちなみに、2月1日〜3月31日の「ふなっしー」テレビ番組露出は1,304 GRP、テレビCM露出（連絡十六茶、ウイルコムで他キャラと共演）は3,500 GRP（関東地区）だった。[17,18] テレビ番組＆CM出演が、書込み数増加やフォロワー獲得に直接貢献している様子がうかがえる（図表5-7）。

>> 図表5-6 「ふなっしー」のテレビ露出とTwitter書込み
（2013年2月11日～2月17日現在）

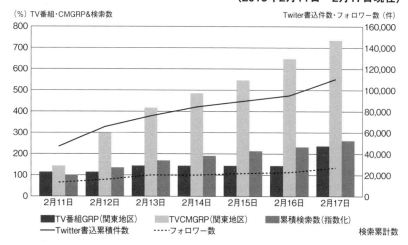

>> 図表5-7 「ふなっしー」のテレビ露出とSNS書込み数
（2013年2月1日～3月31日現在）

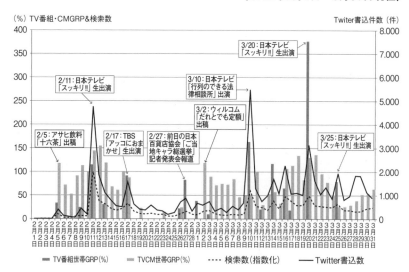

注：検索数は、対象期間中の最大値を100とした指数化により算出（Googleトレンド）。
Twitter書込数はサンプリングによる推定値（クチコミ＠係長）。

地ならし期にファンが掲載したYouTubeや「スッキリ!!」などの動画がTwitterやまとめサイトで拡散される。そのことで、テレビで初めて存在を知った中高年主婦などの一般層も後追いでキャッチアップ、新たなファンになっていった。

　また、大渕弁護士をはじめとするテレビ番組やイベントでの共演タレントたちが、自身のBlogやTwitterにツーショット画像をおもしろがって掲載することで、各ファンのコクーンにも人気が拡大していった。

　その後は、8月6日の「ご当地キャラ総選挙」決勝大会で2位以下に大差をつけて優勝。日本一のご当地キャラというお墨付きを得て、8月24〜25日の日本テレビ「24時間テレビ」生出演でクチコミデータが過去最大の書込み数を記録。

　フジテレビ「笑っていいとも！」レギュラー、NHK総合「紅白歌合戦」などで出演を重ねることで、純粋想起によるキャラクター好意度で、2013年、2014年とも全キャラクターの2位に位置するなど、人気は磐石なものとなっていく（図表5-8）。

図表5-8　純粋想起によるキャラクター好意度ランキング
（男女3〜59歳まで）

Qあなたが好きな「キャラクター」は何ですか。好きな順に「3つ」までお書きください。

	2012年12月 (N=4000)			2013年12月 (N=4000)			2014年12月 (N=4000)	
順位	キャラクター名	%	順位	キャラクター名	%	順位	キャラクター名	%
1	ワンピース	13.4	1	ポケットモンスター	10.5	1	妖怪ウォッチ	18.9
2	ポケットモンスター	11.4	2	ふなっしー〔千葉県船橋市〕	10.1	2	ふなっしー〔千葉県船橋市〕	10.9
3	ハローキティ	9.6	3	ワンピース	9.3	3	リラックマ	8.4
4	ドラえもん	9.5	4	ミッキーマウス	9.2	4	ポケットモンスター	8.3
5	リラックマ	9.2	5	くまモン〔熊本県〕	9.0	5	ドラえもん	7.7
9	くまモン〔熊本県〕	4.1	29	ひこにゃん〔滋賀県彦根市〕	1.4	10	くまモン〔熊本県〕	4.8
17	ひこにゃん〔滋賀県彦根市〕	2.3	31	バリィさん〔愛媛県今治市〕	1.3	35	ひこにゃん〔滋賀県彦根市〕	1.0
41	バリィさん〔愛媛県今治市〕	1.0	67	ちっちゃいおっさん〔兵庫県尼崎市〕	0.4	45	バリィさん〔愛媛県今治市〕	0.6
—	ふなっしー〔千葉県船橋市〕	0.0						

時系列推移

事例の特異性
SNS情報発信が環メディアの軸として拡がりへ

①ご当地キャラブーム下でのニュースターを容認する素地

　2013年は、「くまモン」が2011年の「ゆるキャラ®グランプリ」で王者になって以降、新たな話題が乏しかったご当地キャラ業界で、ご当地キャラファンもマスメディアも次代のスターを探していた時期である[22]。

　過去のご当地キャラになかった個性を持ち、地ならし期に地道な活動をしていたことを知る一部コアファンがいた。その熱量も充分に高まっていた「ふなっしー」のような存在が脚光を浴びることになることに、ファンもマスメディアも抵抗がなかった。

②偶然のマスメディア露出が、ソーシャルメディアで動画拡散に直結

　「ふなっしー」の事例では、一部ニッチ層にのみ知られていた存在が、偶然が重なってのテレビCM出演と情報ワイド出演時ハプニングがきっかけとなった点が、まず特筆される。しかけ人の不在が、当時のコアファンが今も応援し続ける構図を生んでいる（図表5-9）。

　ネットニュース、NAVERまとめなどの環メディアがマスメディアとソーシャルメディアをつなぐ役割を果たしたことは他ケースと共通している。ただし、「ふなっしー」の耳に残る激しい喋りや動きや踊りは、動画でこそ伝わる独自性や魅力である。度重なるテレビ出演や過去イベントなどの動画が環メディアのコアな要素として機能し、ツッコミやすいネタとして爆発的に拡散していった点は、他ケースには見られない。

③人気コンテスト優勝、著名人の応援、国民的番組出演でお墨付き

　「ご当地キャラ総選挙」優勝、大渕弁護士など著名人の熱狂的応援、「24時間テレビ」「笑っていいとも！」「紅白歌合戦」など国民的番組への出演が、マスメディアにのみ接触するシニアやキッズのファンを増やした点は、幅広い年代への広がりという点で他ケースと異なる。

　また、これらのお墨つきは、ネットニュースの格好の話題として、情

図表5-9　開花モデル「ふなっしー」

	地ならし期	発芽期（点）	成長期
概略	イベントやメディアの1コーナー、Twitterの情報発信などを通じて、コアのファンを地道に増やす時期	事件やきっかけにより急激に認知者が増加	・複数のメディアに取り上げられるなど、露出が急増する時期 ・旬・話題になっている時期
キーワード	・キュレーション（目利き） ・コアなファンの熱いつぶやき「ヤバイ」「可愛い」「優しい」など	・やばい、イカレてる、怖い ・すげえ、かわいい、ワロス ・しゃべったぁあああww きめええええww ・スッキリ!!で放送事故!!!	・「えっ、知らないの」 ・知らないと恥ずかしい段階
反応している人	・イノベーター（思い入れが強いマニ層）	・アーリーアダプター ・コアなファンから感度の高い層へ	・アーリーマジョリティー ・レイトマジョリティ
マスメディア（インターネット広告含む）	2012年11月ゆるキャラさみっとin羽生にモブでちらりと映った程度	・「スッキリ!!」「情報7daysニュースキャスター」で特集 ・アサヒ飲料「十六茶」テレビCM出演開始	・バラエティ、CM、雑誌 ・2月31〜3月31日の「ふなっしー」TV番組露出1,304GRP、TVCM露出3,500GRP（関東地区）
キュレーションメディア	・なし	・ヤフートピックやグーグルトレンドでトップに ・NAVERまとめ ・2chまとめ	・Pixivなどの二次制作イラストも盛ん
ソーシャルメディア	・Twitterに本人がまめに書き込み、ファンや地元キャラにもリプレイ ・YouTubeに本人とファンが掲載、公式サイトにマンガなどを掲載	・ファンが掲載した以前のYouTube動画が再注目 ・Twitter上wp「スッキリ!!」などの画像・動画（まとめサイトに掲載）がリンクされる形でRT	・人気が出てもTwitterに本人が書き込み、ファンや地キャラにもリプレイ

報の反芻にも貢献している。

④「ふなっしー」本人のTwitterが情報発信の起点へ

　熱狂的な女性ファンたちにとってアイドルのような存在の人気者になっても、「ふなっしー」は本人がTwitterで直接情報発信し、フォロワーとのこまめなやり取りを続けている。出演イベントや許諾商品も、本人がRTすることで初めて爆発的にファンに拡散する構図となっている。あくまでも本人のSNSが各種イベント登場や商品発売の告知媒体として起点になっている。この点が、「ふなっしー」の場合の特徴である。

　キャラクターでありながら、組織でなく個人ベースの活動（セルフプロデュース）にこだわっている点も、他のメジャーなキャラクターやタレントと大きく異なる。本人のプライベートな呟きによる情報発信が、環メディアの軸となってファンの信頼や共感とマスメディアの注目を集め、情報反芻の持続につながっている。

第5章　事例分析　「タレント・キャラクター」から「一般消費財」へ

まとめ
地ならし期の動画やSNS書込みがキャッチアップのきっかけ

　マスメディア（テレビ番組『情報ワイド』）がブレイクの直接の引き金となった点は、「アイドルA」や他のケースと異なる。だが、しかけでなく偶然のできごとが重なって注目されて情報拡散したことや、地ならし期の動画やSNS書込みが、発芽期〜成長期に新たなファンのキャッチアップ材料として機能している点は共通している。

　「ふなっしー」自身の肉声と変わらない人柄・パーソナリティを感じさせるTwitter書込みが、ファンのRTを促進し、ネットニュース、NAVERまとめなどの環メディア現象を起こし、次々とマスメディアのニュースになる情報起点となっている。

　今までのゆるキャラ・ご当地キャラの範疇にとどまらず、タレント・芸人の要素も併せ持った他に存在しないキャラクターであること。セルフプロデュースをして自らが情報発信して他者を巻き込んでいる点などが、人気が長続きしている要因であろう。

12　2016年7月15日時点。
13　「ADKキャラクターパワーリサーチ2012」より（2012年12月にインターネットリサーチで日本全国に居住する男女3-59歳男女個人4000人を対象として実施）。
14　2/11の1日で約5,000の書込み。半日でTwitterフォロワーが5,000→10,350に増加。
15　「ADKキャラクターパワーリサーチ2012-2013」（前述）の純粋想起によるキャラクター好意度では、「くまモン〔熊本県〕」4.1%（9位）、「ひこにゃん〔滋賀県彦根市〕」2.3%（17位）、「バリィさん〔愛媛県今治市〕」1.0%（41位）、他は50位以下。
16　クチコミデータ（以降同様）。
　　電通バズリサーチ：ブログ、検索、Twitter、掲示板、2ちゃんねる等、幅広いソーシャルメディアのクチコミを分析できるツール　（ここではOEM提供元の「クチコミ＠係長」を使用）。
　　ネットニュース…Yahoo、MSNなどの主要ニュースポータルとその配信元計約250サイト。
　　検索…累計100万人以上のモニターが実際に使用した検索ワード。
　　ブログ、掲示板…おおむねカバー。
　　2ちゃんねる…ほとんどの投稿をカバー。
　　Twitter（サンプリング）…1/10のデータ。
17　テレビCMの露出データ（以降同様）。㈱ビデオリサーチの世帯視聴率（関東地区）を使用。
18　テレビ番組の露出データ（以降同様）。㈱エムデータ：TV番組メタデータよりTV番組露出秒数を算出。
19　エントリーした全国480のご当地キャラ中、ふなっしーは1万1220ポイントを獲得して優勝。2位の中部代表・オカザえもん（愛知県岡崎市）は7,840ポイント。

20 クチコミデータ。
21 「ADKキャラクターパワーリサーチ2012、2013、2014」より（毎年12月にインターネットリサーチで日本全国に居住する男女3〜59歳男女個人4,000人を対象として実施）。
22 2012年「ゆるキャラ®グランプリ」で優勝した「バリィさん（愛媛県今治市）」の人気も全国では限定的であった（図表5−9参照）。

4 製品に関するケース ①　サントリー「レモンジーナ」

イントロダクション
発売翌日の一時販売休止の衝撃

　サントリー「果汁入り炭酸飲料オランジーナ」のブランド拡張戦略のもと、2015年3月に、「レモンジーナ」（図表5−10、左）が発売された。[23]テレビCMをはじめとするマスメディアとデジタルメディアのクロスメディア展開の中、発売翌日には一時的に販売を休止する事態に陥った。

　基幹ブランドである「オランジーナ」（図表5−10、右）の発売からテレビCMが話題を呼び、次に発売される商品に期待が集まっていた。そ

》　**図表5-10　レモンジーナ、オランジーナ**

レモンジーナ（左）オランジーナ（右）
提供：サントリー食品インターナショナル株式会社
注：写真は販売時のもので、現在の販売商品とは異なります。

のような中、発売前日「レモンジーナは土の味がする」の書き込みを受けてTwitterが爆発した。この情報がネットで拡散、ソーシャルメディアの瞬間的爆発の威力が証明された事例となった。

　この新商品発売のケースでは、通常のテレビCM、インターネット広告に加え、ソーシャルメディアを使った発売前のサンプリング告知などが行なわれた。SNSを使ったプロモーションを駆使したこの事例を地ならし期、発芽点、成長期の3段階に当てはめ、マス広告、プロモーションとソーシャルメディアとの関係性を分析しながら、情報伝播プロセスを検証する。

ブレイク最後の時系列推移
基幹ブランドから3年。「レモンジーナ」の爆発

① 地ならし期 基幹ブランドである「オランジーナ」ファンの存在

　「レモンジーナ」の基幹ブランドである「オランジーナ」は、発売直前からリチャード・ギアを起用したテレビCMが話題を呼び、1カ月後には当初計画の200万ケースを突破した[24]。その後も勢いは衰えず、2012年の販売実績は約900万ケースに到達し、果汁入り炭酸飲料を代表するブランドの仲間入りを果たした[25][26]。

　「オランジーナ」発売日前後のテレビ番組への露出秒数[27]とTwitter、2ちゃんねるなどのクチコミ関連データをみると、テレビCMに加えて、朝夕の情報系番組でのパブリシティが展開され、発売直前からネットニュースへの検索が急増している（図表5-11）[28]。と同時に、Twitter、2ちゃんねるの投稿数も急上昇。特に、Twitterでは、発売前にGoogle急上昇キーワードのランクインをきっかけに多くのツイートが発生している。

　こうしたソーシャルメディア上の大きな盛り上がりは、徐々に収束しつつも、2012年末近くまで続き、その後も「レモンジーナ」発売の2015年3月まで、常時一定量のクチコミが継続している（図表5-12）。この間、420mlペットボトルに加え、280ml缶、160ml缶、230ml瓶を発売、リチャード・ギア出演のテレビCM続編を次々とリリース、さらに「オリジナルグラスセットプレゼント」「擬人化イラストコンテスト」などのキ

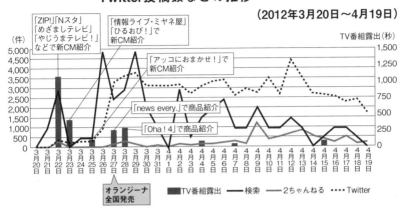

図表5-11　オランジーナ発売前後のTV番組露出秒数とTwitter投稿数などの推移
（2012年3月20日～4月19日）

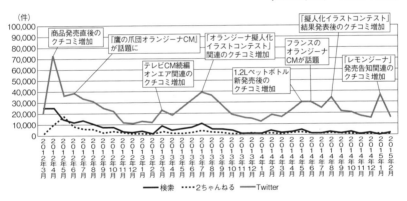

図表5-12　オランジーナのTwitter投稿数などの推移
（2012年3月～2015年2月）

ャンペーンを実施し、常に消費者に向けて刺激を続けてきた結果が投稿数に反映している。

　このように、発売当初のテレビCMによる話題性とその後のソーシャルメディアを通じた積極的なコミュニケーションによって、「オランジーナ」ファンが形成され、そして、その存在が3年後の「レモンジーナ」爆発の基盤となった。

② 発芽点 「土の味」というキーワードと「一時販売休止」

「オランジーナ」発売以来、3年に渡ってファン層が醸成される中、サントリーが新たなフレーバー商品として投入したのが、「レモンジーナ」である。2015年1月22日、「レモンジーナ」発売発表後、ニュースリリース、公式Twitterでの告知、それにともなうネットニュースでの配信。そして、「発売前のレモンジーナ先行GET！」「100名様にレモンジーナ6本セットが当たる！」などのサンプリングキャンペーンは、Twitter投稿数を上昇させた。

その反応は5日程度、3万件ほどで収束し、関心層の中での話題は一旦萎む形となった。また、テレビCMが発売3日前に開始され、Twitter投稿数は増加傾向を示したが、増加幅は前日比2倍程度のものだった（図表5-13）[29]。

今回、レモンジーナが爆発した直接のきっかけは、発売前日の1件のつぶやきだった。「レモンジーナは土の味」という書き込みがなされる

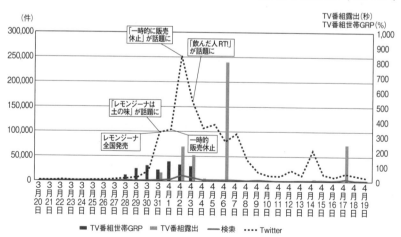

》 図表5-13 **レモンジーナ発売前後のTV番組世帯GRP、TV番組露出秒数、Twitter投稿数などの推移**
（2015年3月20日〜4月19日）

やいなや、Twitter投稿数は急増し、翌日（発売当日）には前日の約5倍、10万件ほどに膨れ上がり、NAVERまとめなどのキュレーションサイトでも「土の味」が話題となった。そして、発売わずか2日で年間販売目標の出荷量（100万ケース＝1ケースは、420ml×24本換算）を超えたため、一時的な販売休止を発表するに至った。この衝撃もソーシャルメディア上を駆け巡り、Twitter投稿数は、翌4月2日、25万件を超えてピークに達し、2ちゃんねるも急上昇することとなった。

　ここで、Twitterの投稿をツイート種別ごとに詳しくみると（図表5-14）、「土の味」の投稿は、その2、3割は一切コメントが書かれないRT（リツイート：Twitter上での転送機能のこと）であることがわかる。続く「販売休止」の投稿も、結果的にコメントなしのRT（6割程度）を生み、情報は急速に拡散、消費者を商品購買へと向かわせた。

　「土の味」という一般個人のつぶやきと、メーカーの予想を遥かに上回る販売で偶発的に起きた「一時販売休止」のニュースの瞬間風速の大きい2段ロケットによって、「レモンジーナ」は世の中に広がっていくこととなった。

　一方、インターネット広告に注目すると、発売日を挟んだ前後3日間

≫　**図表5-14　リツイート割合の推移**

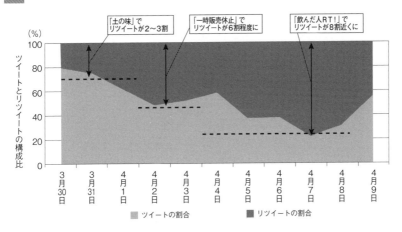

に集中的に打たれている。Impression数のデータによると、発売前日に6,881,464（Imp）、3日間合計で20,733,112（Imp）の広告投下があった[30]。広告費は非公表だが、仮に1Imp当たり0.5円として、Impから「レモンジーナ」のインターネット広告出稿金額を推定すると、一般的に1,000万円程度と見込まれる。テレビCMに加えて、インターネット広告が打たれ、多様な認知経路が構成されたことで、消費者の関心もさらに高まり、それに連動する形でソーシャルメディアによる情報拡散が加速したと考えられる。

　こうしたマスメディアとソーシャルメディアによる情報拡散が「レモンジーナ」の販売にどのような影響を与えたのか、この発芽点における販売状況をみてみると、「土の味」と「一時販売休止」、両ワードのTwitter投稿数上昇に連動して購入個数が増加していることがわかる（図表5-15）[31]。

　「土の味」というキーワードが発信されるまでは、テレビCMやインターネット広告によって購買が喚起されたとみられる購入個数の増加も

» **図表5-15　レモンジーナ発売前後のＴＶ番組世帯GRP、Twitter投稿数、商品購入個数の推移**
（2015年3月20日〜4月19日）

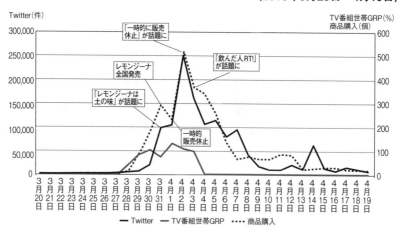

あり、テレビCMとソーシャルメディアの双方が連動しながら商品の購買に火がつく形となった。

③成長期 飲んだ人のRT、アレンジ・体験のコメント増加

発売から成長期にかけてのレモンジーナの周辺ワード（関連語）をみると、「発売」→「土の味」→「販売中止」→「飲んだ人RT……」とつぶやかれた言葉が日ごとに変わっているのがわかる（図表5-16）。クチコミピーク翌日の4月3日以降、「販売休止」関連のRTはごく短期で収束し、「レモンジーナを飲んだ人RT！」といったコメントなしRTが多い日で8割近くを占めるようになり、5万件を超えるクチコミが1週間程度続いた（図表5-14、5-15）。その後も飲用の感想や「販売休止にもかかわらず大量に陳列している」といった店舗での体験談などによって一定の話題量が続いた。

また、同時期に、「レモンジーナ」と「オランジーナ」が連動したクチコミが増えはじめ、【速報】「オランジーナ」と「レモンジーナ」を混ぜると「イヨカンジーナ」になることが判明など、自分のアレンジ体験などのRTが増えて、「オランジーナ」の投稿数も増加した（図表5-17）。

4月14日「ヨーグリーナ」の発売日にもコメントなしRTによって投稿が一時的に増えたが、話題量は1日1,000件を割り込み、徐々に「レモンジーナブーム」は落ち着いていくこととなる。

図表5-16　Twitterでの「レモンジーナ」関連語ランキング
（日付別、上位5位まで）

	2015-03-27	2015-03-28	2015-03-29	2015-03-30	2015-03-31	2015-04-01	2015-04-02	2015-04-03	2015-04-04
1	発売	発売	オランジーナ	発売	土の味	土の味	悲報	オランジーナ	人RT
2	オランジーナ	オランジーナ	新フレーバー	オランジーナ	速報	すごい	販売中止	美味しい	オランジーナ
3	新フレーバー	新フレーバー	発売	明日	美味しい	ポジティブ	詳細	飲み物	美味しい
4	フランス発	世界	登場	土の味	発売	ネガティブ発言	土の味	まずい	まずい
5	世界	フランス発	世界	新フレーバー	オランジーナ	TOKIO	高い	香り	飲み物
5						疲労度			

> **図表5-17 「レモンジーナ」発売後の「レモンジーナ」と「オランジーナ」のTwitter投稿数推移**
> **（2015年3月30日～5月31日）**

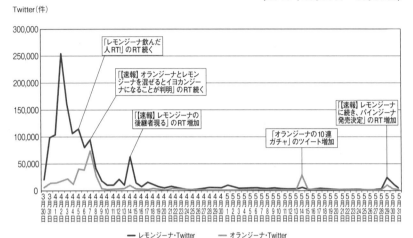

事例の特異性
ネガティブワードの「土の味」が一層興味喚起

①マス広告とソーシャルメディアが同期した情報拡散

「アイドルA」の事例では、一部の熱心なファン層によって形成された閉じたコクーンが1枚の写真によってブレイクし、検索を通じて情報がソーシャルメディアに拡散。それからTwitterの急増キーワードをとらえて、テレビが反応するという流れであった。一方、「レモンジーナ」は、テレビCM、番組PR、ニュースリリース、公式Twitterでの事前サンプリングキャンペーンなどがネットニュースに取り上げられ、検索を通じてソーシャルメディアが反応、情報が拡散していくという流れである。

マス広告とソーシャルメディアが同期して情報が伝播するデジタルマーケティングの典型的パターンといえる。

②マス広告による地ならしと顧客体験の蓄積

　「アイドルA」の事例では、熱心なファンのコクーンにおいて蓄積された動画や写真は、後追いした層がキャッチアップできる機能（情報の蓄積機能）を果たした。それに対して、「レモンジーナ」のケースでは、話題を呼んだリチャード・ギア起用のテレビCMによるブランド認知、イメージの蓄積と、ソーシャルメディアによって形成されたコミュニティ、そして、「オランジーナ」の購入・飲用体験がラインナップ商品の地ならしとなった。すなわち、基幹ブランドによる顧客体験の蓄積が発芽、成長時のベースとなっている。両者を比較すると、成長期に情報が拡散していくための基盤に違いがみられる。

③店頭（リアル）における商品の蓄積

　店頭に商品が陳列されるケースでは、基幹ブランドである「オランジーナ」の店頭在庫、すなわち「レモンジーナ」発売時に「オランジーナ」が同じ陳列棚に並んでいることが、消費者の購入しやすさにつながっている。

　また、「レモンジーナ」の店頭在庫は、発芽から成長期において、「この店にはレモンジーナがあった」「売り切れだった」といったソーシャルメディア上の情報ネタにもなっている。今回のケースでは、商品の蓄積がない状態（品切れ）によって飢餓感が煽られ、情報拡散することとなった。リアル店舗での商品の蓄積（在庫、品切れ）が、ソーシャルメディアでのクチコミに影響をおよぼしている。

④偶然による発芽

　「レモンジーナ」では、2つのキーワードの出現が発芽のきっかけとなった。1つ目のキーワード「土の味」は、キャンペーンで先行飲用した「オランジーナ」ファンから発せられた感想である。「アイドルA」のケースと同様に、これは一般個人からの発信であった。しかし、もう1つのキーワード「一時販売休止」は、クロスメディア展開をしかけた企業の戦略ではなく、偶然に起きたできごとであった。そして、その偶然が呼

んだ品薄状態が、早く商品を手に入れたいという消費者の情報発信意欲と購買意欲を喚起した。

⑤「マスメディアのポジ」と「ソーシャルメディアのネガ」のコントラスト
　「土の味」というキーワードは、ネガティブワードであったゆえに、「飲んでみたい」という興味をより一層、喚起した。また、「販売休止」も、ネガティブな要素を持つニュースだったことで、ソーシャルメディアだけでなく、ネットニュースやテレビの情報番組での露出も相次ぎ、「レモンジーナ」は一挙に大衆層の知るところとなった。
　ポジティブ面を訴求するテレビCMや番組PRと、ネガティブ情報が入ったソーシャルメディアのコントラストが効果的に作用して情報が拡散していった。ネガティブワードは消費者が反応しやすい言葉となり、情報伝播を増長させる効果がある。

まとめ
「数が少ない」という心理に火をつけたソーシャルメディア

　情報伝播の流れは、「アイドルA」の事例とは逆だった。しかし、ネットニュース、NAVERまとめなどのキュレーション・メディアがマスメディアとソーシャルメディアをつなぐ役割を果たしたこと、そして、「土の味」などの一般個人の書き込みが拡散キーワードとなって一挙に熱量が増して情報が拡散した「環メディア現象」は他のケースに共通している。そして、そのプロセスにおいて、TwitterのコメントなしRTが急増し、一挙に最大瞬間風速が強まったこともデータで裏づけられている。
　「無くなってしまう」「数が少ない」という状況によって、その興奮をより一層掻き立てたのがソーシャルメディアだった。ソーシャルメディアの最大瞬間風速の高まりは、コメントなしRTデータでとらえることができる（図表5-18）。

図表5-18　開花モデル　レモンジーナ

	地ならし期	発芽期（点）	成長期
概略	基幹ブランドのファンが形成される時期	事件やきっかけにより急激にソーシャルメディアで認知が広がる時期	マスメディアとソーシャルメディアで情報が拡散し、話題が広がっている時期
キーワード	・「オランジーナ」 ・「寅さん」（基幹ブランドの認知、イメージ）	・「レモンジーナは土の味」 ・「一時的販売休止」 ・「飲んだ人RT！」	・購入者がアレンジ体験をツイート ・「イヨカンジーナ」「パインジーナ」
反応している人	・イノベーター ・アーリーアダプター（オランジーナファン、新商品注目層）	・アーリーアダプター 感度の高い層が反応 ・オーソリティーなし	・アーリーマジョリティ ・レイトマジョリティ
マスメディア（インターネット広告含む）	・基幹ブランドのテレビCM（リチャード・ギア出演CM） ・基幹ブランドのテレビ番組PR（朝夕の情報系番組）	・テレビCM（リチャード・ギア出演シリーズCM） ・テレビ番組PR ・インターネット広告 〈広報〉ニュースリリース	・テレビCM（リチャード・ギア出演シリーズCM）
キュレーションメディア	・ネットニュース（検索） ・検索ワードランキング	・ネットニュース（検索） ・NAVERまとめ	・NAVERまとめ
ソーシャルメディア	・基幹ブランドのキャンペーン展開 ・基幹ブランドのTwitterでのクチコミ拡散	・公式Twitterで発売記念キャンペーンを配信 →Twitter増加 ・2ちゃんねる、ブログなどの投稿数も増加、情報拡散	・Twitter投稿は徐々に低下するも一定量を維持
販売動向	・基幹ブランドの販売好調	・Twitter急激に、販売個数が連動	・販売個数一定量に安定（リピート）

23　ヨーロッパを中心に清涼飲料事業を展開しているOrangina Schweppes Groupが2009年からサントリーグループに加わり、2012年3月、海外グループ会社の清涼飲料ブランドとして日本で初めて全国発売した。
24　日本を代表する国民的映画『男はつらいよ』のフランス版"TORA"役としてリチャード・ギアを起用したテレビCM。
25　サントリーニュースリリースNo.11489（2012年7月6日）での公表数値。
26　サントリーニュースリリースNo.11728（2013年3月26日）での公表数値。
27　テレビにおける露出データ：「株式会社エム・データ」提供によるTVメタデータよりテレビ番組露出秒数を算出。（以降同様）
28　クチコミ関連データ（以降同様）。
　電通バズリサーチ：ブログ、検索、Twitter、掲示板、2ちゃんねる等、幅広いソーシャルメディアのクチコミを分析できるツール。

ネットニュース…Yahoo、MSNなどの主要ニュースポータルとその配信元計約250サイト。
検索…累計100万人以上のモニターが実際に使用した検索ワード。
2ちゃんねる…ほとんどの投稿をカバー。
Twitter（サンプリング）…1/10のデータ（本文および図表中のTwitter投稿数はサンプリングによる推定値）。

29　株式会社ビデオリサーチ：世帯GRPデータによる（図表5-13）。
30　株式会社ビデオリサーチインタラクティブ：Impression調査による（以降同様）。Impression数は広告素材（テキスト・画像）がPC画面上で表示された回数。
31　株式会社マーケティングアプリケーションズ：TRENDAパネル商品購入個数データより。測定期間：2015年3月1日～2015年7月31日、測定対象のアクティブモニター数 12,195名。

5 製品に関するケース ②　サントリー「ヨーグリーナ」

イントロダクション　レモンジーナに続く販売休止の衝撃

　サントリー「南アルプスの天然水」（以下、「南アルプスの天然水」）の新カテゴリー商品として、「南アルプスの天然水＆朝摘みオレンジ」（以下、「朝摘みオレンジ」）に次いで2015年4月に全国発売となったのが、「南アルプスの天然水＆ヨーグリーナ」（以下、「ヨーグリーナ」）である（図表5-19）[32]。通常のテレビCMと、インターネット広告などのデジタルメディアによるプロモーション展開の中、レモンジーナに続いて、発売3日にして一時的に販売を休止する事態に陥った。

　基幹ブランドである「南アルプスの天然水」の認知基盤に加え、1年前に発売された同ラインナップの「朝摘みオレンジ」のTwitterでの盛り上がりを受けて、次に登場する商品に注目をしていた層の購入期待が膨れ上がり、発売後の売れ行きは予想を遥かに上回った。

　発売前後の購入期待の高まりは、発売開始3週間前から行なわれた「透明なのに贅沢ヨーグルト味！『南アルプスの天然水＆ヨーグリーナ』を15万名様にプレゼント！」（ヨーグリーナ先行体験のキャンペーン）の告知によって発売前に飲用した消費者の商品への高評価によってもたらされている。そして、「美味しい」「透明なのにヨーグルト味がする」「今

> **図表5-19　ヨーグリーナ、南アルプスの天然水**

ヨーグリーナ（左）南アルプスの天然水（右）
提供：サントリー食品インターナショナル株式会社
注：写真は発売時のもので、現在の販売商品とは異なります。「サントリー南アルプス天然水＆ヨーグリーナ」は現在の商品名が「サントリーヨーグリーナ＆南アルプスの天然水」に変更になっています。

までこんな商品はなかった！」といった声がSNSを通じて広まっていった。

「ヨーグリーナ」のケースは、通常のテレビCMに加え、プロモーションとソーシャルメディアが同期した情報拡散の影響力を証明する事例である。「レモンジーナ」同様、地ならし期、発芽点、成長期の3段階に当てはめ、そのプロセスを検証する。

ブレイク前後の時系列推移
「新カテゴリー商品注目層」が飲用後、高評価

① 地ならし期　基幹ブランド「南アルプスの天然水」の存在

　「ヨーグリーナ」の基幹ブランドである「南アルプスの天然水」は、年間8,300万ケースの販売実績（2014年）を誇るサントリー天然水の1商品で、日本におけるミネラルウォーター市場の中核ブランドとして確固たるポジションを築いている。サントリーは、2013年以降、「無糖炭酸水　南アルプスの天然水　スパークリング」（以下、スパークリング）、レモン果汁を加えた「南アルプスの天然水　スパークリングレモン」を次々

と展開し、2014年4月には朝摘みオレンジを全国発売するなど、ここ2年間は、「南アルプスの天然水」の新カテゴリー開発に力を注いでいる。

この間の検索、Twitter、2ちゃんねるなどのクチコミ関連データ（図表5-20）をみると、新カテゴリー商品の発売とそれに併せたキャンペーン展開がクチコミにつながっている[34]。特に、「朝摘みオレンジ」発売時には、Twitter投稿数がコメントなしRTの急増によって、2カ月連続で3.5万件を超えた。また、「朝摘みオレンジ」やスパークリングの無料クーポンが当たるサンプリングキャンペーンの告知が展開された時期には、Twitter上で2万件前後の盛り上がりがみられた。

このように、「ヨーグリーナ」発売が公表された2015年2月までの間に、フレーバーウォーターなど一連の新カテゴリー商品の展開によって、「新商品注目層」が形成されてきた。そして、ソーシャルメディアを通じたキャンペーンに対して一挙に反応を起こすファン層の存在が、直後の「ヨ

≫ 図表5-20 「サントリー 南アルプスの天然水」の Twitter投稿数などの推移

（2012年3月〜2015年2月）

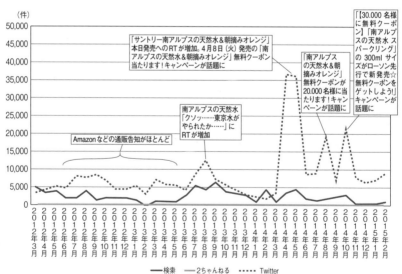

ーグリーナ」爆発の基盤となった。

さらに、ネーミングが類似した「レモンジーナ」の1カ月前の販売休止もあって、「早く手に入れて飲んでみたい」という消費者の期待が発売直後の購買行動にそのまま表われた。

② 発芽点 またも「一時販売中止」!?
「朝摘みオレンジ」発売の盛り上がりから1年、サントリーが新たにヨーグルト味のフレーバーウォーターとして投入したのが、「ヨーグリーナ」である。2015年2月26日、「ヨーグリーナ」発売予告後、ネットニュースでの配信がみられたが、Twitterなどの投稿数の増加はほとんどみられなかった。

3月下旬、「15万名様に無料クーポンが当たる」大量サンプリングキャンペーンが公式Twitterで発信され、それに合わせる形で4月5日まで、集中的にインターネット広告が打たれている。

Impression数のデータでみると、1日当たり約30,000,000（Imp）、12日間合計で340,630,744（Imp）の広告投下（広告費は非公表だが、仮に1Imp当たり0.5円換算で推定すると、1億7,000万円程度と見込まれる）があった。しかし、この時点でもTwitterや2ちゃんねるでのクチコミは、わずかな増加に留まっていた。また、発売3日前（4月11日）からテレビCMがはじまり、ネットニュースでもその記事が配信されたが、直後のTwitter投稿数などに大きな変化はみられなかった。

その後、発売前日から番組露出がはじまると、Twitterでの投稿が徐々に増加、発売日には公式Twitterによる発信をきっかけとするネットニュース配信により飲用後の投稿が急増。飲食者の高い商品評価が寄与して、話題量は1万件ほどに達した。

一方、発売前日から4日間限定でインターネット広告の出稿がみられ、Impression数のデータによると、合計38,315,582（Imp）の広告投下（広告費は非公開だが、仮に1Imp当たり0.5円換算で推定すると一般的に1,900万円程度と見込まれる）もあったが、情報拡散の瞬間風速は「レモンジーナ」ほど顕著ではなかった。

第5章　事例分析　「タレント・キャラクター」から「一般消費財」へ　89

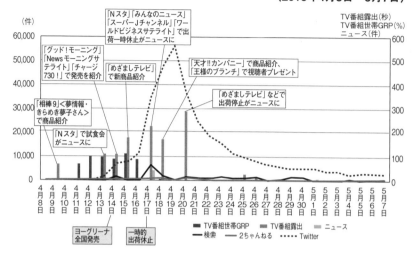

図表5-21 ヨーグリーナ発売前後のTV番組世帯GRP、TV番組露出秒数、Twitter投稿数などの推移
（2015年4月8日～5月7日）

今回、「ヨーグリーナ」が爆発した直接のきっかけは、発売3日後（4月17日）、「レモンジーナ」に続いて「出荷を一時的に休止する」という発表であった。この衝撃もネットニュースでの露出、検索を経て、ソーシャルメディア上を駆け巡り、Twitter投稿数は、翌々日4月19日、5万件を超えてピークに達した（図表5-21）。また、NAVERまとめなどのキュレーション・メディアでも話題となった。「一時販売休止」という偶発的なできごとによって瞬間風速が増し、「ヨーグリーナ」は拡散をはじめることになる。

ここで、この間のツイート種別ごとのTwitter投稿をくわしく見てみる。発売直後、1割ほどであったコメントなしRTの割合が、「販売休止」の情報が流れはじめると3割を超えたことがわかる。さらに、ピーク時（4月19日）には半数を超え、情報は急スピードで拡散している（図表5-22）。

また、この発芽点における「ヨーグリーナ」の販売状況をみると、2つの山が確認できる（図表5-23）。第1の山は、発売当日から3日間で、

» 図表5-22　リツイート割合の推移

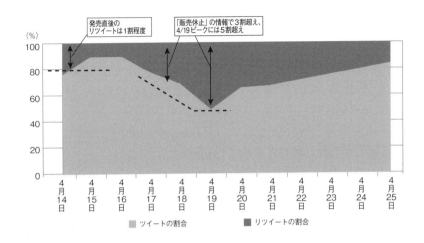

» 図表5-23　ヨーグリーナ発売前後のTV番組世帯GRP、
　　　　　　　Twitter投稿数、商品購入個数の推移
　　　　　　　　　　　　　　　　　（2015年4月8日～5月7日）

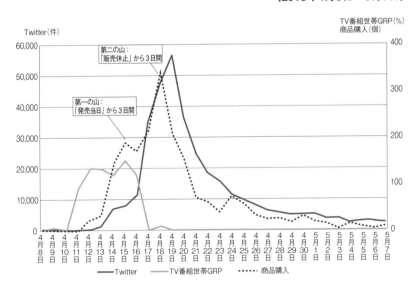

第5章　事例分析　「タレント・キャラクター」から「一般消費財」へ　91

通常のテレビCMと番組PRに加えて、発売前から行なわれたサンプリングでの飲用者や初期購入者の飲用評価によって購買が喚起されたものである。第2の山は、「販売休止」発表後の3日間で、こちらは商品へのポジティブな評判と品切れの衝撃についてのTwitter投稿など、クチコミによって情報が拡散した影響が表われている。テレビCMに加えて、インターネット広告でのプロモーションとソーシャルメディアなどが同期しながら商品の購買に火をつけたことがわかる。

③ 成長期 飲用後、高評価コメントが続出

　ヨーグリーナの周辺ワード（関連語）をみると（図表5-24）、「発売」→「美味しい」→「販売休止」→「美味しい」と投稿ワードが日ごとに変わっていった。「販売休止」のつぶやきは、わずか2日ほどで収束している。その後は、「ヨーグリーナ見つけた」「飲みたい」「美味しい」「好きな味」といった飲用後の感想などによって一定の話題量が続いた。特に、「天然水なのに美味しい」「透明なのにヨーグルト味」といった組み合わせのおもしろさや美味しさを取り上げる声も多かった。

　発売後に「美味しい」「うまい」などとつぶやいている人の割合を「ヨーグリーナ」と「レモンジーナ」で比較してみる。「レモンジーナ」が0.7%であったのに対し、「ヨーグリーナ」は8.4%、12倍であった。[39] こうした「ヨーグリーナ」に対する消費者の高評価は、「販売休止」の話題が沈静化した後も継続的に続き、以後の成長を支える大きな要因となった。

図表5-24　Twitterでの「ヨーグリーナ」関連語ランキング（日付別、上位5位まで）

	2015-04-13	2015-04-14	2015-04-15	2015-04-16	2015-04-17	2015-04-18	2015-04-19	2015-04-20	2015-04-21	2015-04-22
1	発売開始	ヨーグルト	天然水	美味しい	販売	販売中止	美味しい	天然水	いろは	ヨーグルト味
2	ヨーグルト	ヨーグルト味	ヨーグルト	天然水	一時	悲報	天然水	美味しい	ヨーグルト味	レモンジーナ
3	サントリー	発売	美味しい	ヨーグルト	サントリー	発売停止	いろは	いろは	レモンジーナ	いろはすアロエ
4	ヨーグルト味	サントリー	うまい	うまい	レモンジーナ	#ヨーグリーナ	ヨーグルト味	アロエ味	天然水	お茶
5	透明	透明	透明	おいしい	販売中止	速報	アロエ味	ヨーグルト味	美味しい	太陽のマテ茶

約2カ月半経った販売再開時にもインターネット広告が集中的に打たれる中、ネットニュースの検索から「再発売」「再開」「復活」などといったワードがTwitterで飛び交い、話題量は3.6万件に達した。この間もコメントなしRTで情報は急拡散した。

　この時点での販売状況をみると、販売再開日（6月30日）にTwitter投稿数の増加と連動する形で商品購入個数が増えている（図表5-25）。テレビCMがすでにはじまっているが、再開直後の投下量は少なく、商品個数の増加はTwitter投稿数の影響を受けている。
　しばらくして「販売再開」関連のツイートは徐々に収束し、再び「買った」「飲みたい」「美味しい」「好き」といったワードが多くを占める

≫ 図表5-25　ヨーグリーナ販売再開前後のTV番組世帯GPP、Twitter投稿数、商品購入個数の推移
（2015年6月24日～7月31日）

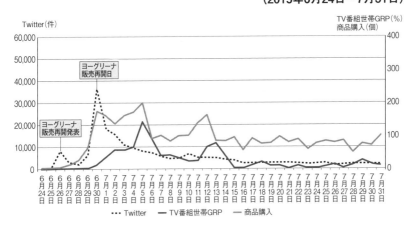

ようになった。7月末時点で1日2,000件近くの投稿が続いており、商品販売も好調に推移している。
　7月5日、7月12日の2つの山は、Twitter投稿数の減少の中、世帯GRPと連動しており、テレビCMによる購入数の増加とみられる。

事例の特異性
同ラインナップの商品の購入・使用体験が基盤

①プロモーションとソーシャルメディアが同期した情報拡散

　「アイドルA」の事例は、コクーンが弾けてソーシャルメディアで拡散した情報にテレビが反応するというパターンであった。「ヨーグリーナ」は、通常のマス広告に加えて、公式Twitterなどでの大量サンプリングキャンペーンの発信がネットニュースを通じて検索されている。この事例はインターネット広告を中心とするプロモーションとソーシャルメディアの同期によって情報伝播した。

②マス広告によるブランディングと顧客体験の蓄積

　「ヨーグリーナ」は、基幹ブランドである南アルプスの天然水の長きにわたるマーケティング展開によって醸成されたブランド認知、イメージがバックグラウンドにあり、特に、同ラインナップで共通展開するマス広告によるブランディングが大きな役割を果たした。

　また、基幹ブランドや同ラインナップ商品を購入、飲用した顧客体験の蓄積が次に登場する商品への注目度を高め、発芽、成長時の顧客ベースとなった。

　さらに、先に発売した朝摘みオレンジなど同ラインナップ商品のソーシャルメディアによる情報拡散プロセスも情報伝播の基盤の一つとなった。一方、「アイドルA」の地ならし期にみられたネット上の蓄積情報をキャッチアップする動き（情報の蓄積機能）はあまりなく、消費者は情報検索するより、店頭に足を運んだ。

③商品の高評価と意外性（おもしろさ）がクチコミを誘発

　「ヨーグリーナ」を飲んだ人の「美味しい」という高評価に加えて、「天然水なのに美味しい」「透明なのにヨーグルト味」という意外性が消費者におもしろさや驚きを与えた。そうした意外性は、情報が伝播していく上で重要な要素である。また、「ヨーグルト＝白色」という常識を超

えるイノベーティブな要素（革新性）が消費者の飲用期待を高めた。多種多様なフレーバーウォーターの中でも、この商品には消費者がクチコミしたくなるような要素が数多くあった。

④店頭（リアル）における商品の蓄積

「レモンジーナ」同様に、基幹ブランドである「南アルプスの天然水」、同ラインナップの「朝摘みオレンジ」の店頭陳列は、新商品である「ヨーグリーナ」の購入しやすさにつながった。

また、「品切れだった」「見つけた」といった「ヨーグリーナ」の店頭在庫に関する情報がソーシャルメディア上のネタとなり、商品の蓄積がない状態（品切れ）が、より一層購買を喚起した。リアル店舗における商品の蓄積（在庫、品切れ）がソーシャルメディアでのクチコミに影響をおよぼし、さらには商品の売れ行きそのものにも影響を与えた。

⑤プロモーションと偶然のできごとで発芽

「ヨーグリーナ」では、「アイドルA」の「千年に一人の逸材」、「レモンジーナ」の「土の味」といった特徴的な拡散キーワードの発生はなく、「販売休止」という偶然性、事件性のあるできごとによって瞬間風速が上がった。結果的に、発売前のテレビCM投下と大量サンプリングキャンペーン告知による認知拡大および来店促進と、ソーシャルメディアによる最大瞬間風速の熱量が同期する形で情報が拡散し、購買に火がついた。

まとめ
インターネット広告と大量サンプリングが起点

「ヨーグリーナ」の場合は、「アイドルA」、「ふなっしー」のような熱狂的な関心層からなるコクーンの形成があったわけではない。だが、基幹ブランドの飲用という共通の飲用体験を持つ購買先行層の薄い広がりがブレイクのベースの役割を果たした。そして、テレビCMに加え、発売前のインターネット広告への出稿と15万名にもおよぶ大量サンプリン

グの告知などが起点となり、ネットニュース→検索→Twitterという流れでブレイクした。

その広がりのポイントは、

① 次に発売されるフレーバーウォーターに期待を寄せるソーシャルメディアユーザーに向けて、事前の大量サンプリングキャンペーンで飲用体験させたことで、高い消費者評価を受け、商品の魅力が理解されたこと。

② 同時期に、インターネット広告を集中的に投下し、商品認知経路を増やしたこと。

③ 体験者が飲用の感想をソーシャルメディア上に投稿することをうながしたことである。

これらの要素がソーシャルメディアと同期する形で話題性を生み、さらに多くの消費者を店頭に向かわせた（図表5-26）。

このような事例がみられるようになり、ソーシャルメディアで拡散キーワードが発生すれば、瞬間風速で情報ネタが爆発することを企業は意識している。であれば、今後は急速に拡散するソーシャルメディアの特性に対応した生産体制を考える必要がある。また、欠品を起こす可能性があるほどの商品なのかどうか、商品力の把握も重要である。

---

32 「南アルプスの天然水」をベースに、100％有機栽培のオレンジを加えたフレーバーウォーターが「南アルプスの天然水＆朝摘みオレンジ」。「南アルプスの天然水＆ヨーグリーナ」は、「南アルプスの天然水」をベースに牛乳由来の透明素材"ホエイ"の乳酸菌発酵液をブレンドすることで、透明でゴクゴク飲めるのに、しっかりとしたヨーグルトの味わいを実現した商品。

33 サントリー資料「サントリー食品インターナショナル株式会社　2015年国内主要ブランド戦略」No.SBF0226（2015年1月22日）。

34 クチコミ関連データ（以降同様）。電通バズリサーチ：ブログ、検索、Twitter、掲示板、2ちゃんねる等、幅広いソーシャルメディアのクチコミを分析できるツール。
ネットニュース…Yahoo、MSNなどの主要ニュースポータルとその配信元　計約250サイト。
検索…累計100万人以上のモニターが実際に使用した検索ワード。
2ちゃんねる…ほとんどの投稿をカバー。
Twitter（サンプリング）…1/10のデータ（本文および図表中のTwitter投稿数はサンプリングによる推定値）。

35 株式会社ビデオリサーチインタラクティブ：Impression調査による（以降同様）。Impression数は広告素材（テキスト・画像）がPC画面上で表示された回数。

36 株式会社ビデオリサーチ：世帯GRPデータによる（図表5-21）。

図表5-26 「ヨーグリーナ」開花モデル

	地ならし期	発芽期（点）	成長期
概略	基幹ブランドのファンが形成される時期	事件やきっかけにより急増にソーシャルメディアで認知が広がる時期	マスメディアとソーシャルメディアで情報が拡散し、話題が広がっている時期
キーワード	・「南アルプスの天然水」 ・「朝摘みオレンジ」 （基幹ブランドの認知、イメージ）	・「一時的販売休止」 ・「見つけた」「好きな味」 ・「美味しい」 ・「透明なのにヨーグルト味」 ・「再開」「再発売」	・「買った」「飲みたい」「美味しい」、「好き」という平凡な言葉
反応している人	・イノベーター ・アーリーアダプター （「南アルプスの天然水」ファン、新商品注目層）	・アーリーアダプター 感度の高い層が反応 ・オーソリティなし	・アーリーマジョリティ ・レイトマジョリティ
マスメディア （インターネット広告含む）	・基幹ブランドおよび同ラインナップブランドのテレビCM ・基幹ブランドおよび同ラインナップブランドのテレビ番組PR ・インターネット広告	・テレビCM ・テレビ番組PR ・インターネット広告 〈広報〉ニュースリリース	・テレビCM ・インターネット広告
キュレーションメディア	・ネットニュース（検索） ・検索ワードランキング	・ネットニュース（検索） ・Yahoo! トピックス ・NAVERまとめ	・NAVERまとめ
ソーシャルメディア	・基幹ブランドおよび同ラインナップブランドのキャンペーン展開 ・基幹ブランドおよび同ラインナップブランドのTwitterでのクチコミ拡散	・公式Twitterで発売記念キャンペーンを配信 →Twitter増加 ・2ちゃんねる、ブログなどの投稿数も増加、情報拡散	・Twitter投稿は徐々に低下するも一定量を維持
販売動向	・基幹ブランドおよび同ラインナップブランドの販売好調	・Twitter急増に、販売個数が連動 ・再開直後はテレビCMよりもTwitterの力	・販売個数一定量に安定（リピート）

37 テレビにおける露出データ：「株式会社エム・データ」提供によるTVメタデータよりテレビ番組露出秒数を算出。（以降同様）
38 株式会社マーケティングアプリケーションズ：TRENDAパネル商品購入個数データより。測定期間：2015年3月1日〜2015年7月31日、測定対象のアクティブモニター数 12,195名。
39 Twitterのサンプリングデータをもとに、ヨーグリーナ（2015年4月14日〜2015年6月14日の62日間）とレモンジーナ（2015年3月31日〜2015年5月31日）の発売日から2カ月間の「美味しい（おいしい）」、「美味い（うまい）」、「（大）好き」のワードをつぶやいた人の割合を計算。

6 製品に関するケース③
相模屋食料「ザクとうふ」

イントロダクション
マス広告なしで豆腐業界初の100万丁の大ヒット

　2012年3月28日、相模屋食料は「機動戦士ガンダム」に登場するジオン軍の代表的なモビルスーツ「ザク」とコラボレーションした新商品、ザクとうふを発売した（図表5-27）。この商品は、小学生時代からガンダムの大ファンであった同社社長の構想をもとに、とうふと量産型「ザク」とのキャラクターコラボ商品として商品化された。

　発売前日、新商品が新作豆腐発表会で公表されると、その衝撃がネッ

» **図表5-27 ザクとうふ**

（上左）パッケージ外観、（上右）「ザクとうふ」
（下）「ザクの宇宙やっこ」（「機動戦士ガンダム」
　　の世界観をイメージしたジオラマ風レシピ）
出典：相模屋食料　「ザクとうふ」公式サイト。

トニュースを通じてTwitterの投稿が爆発、巨大な「ガンダムファン」に情報伝播した。数日で生産が間に合わない状態に陥り、店舗から商品が姿を消すほどであった。

マス広告やキャンペーンなどのプロモーションもなく、WEBとマスメディアでの取材報道とソーシャルメディアでの情報拡散だけにより、2カ月で100万丁を超える大ヒットを遂げた事例である。その情報伝播のプロセスについて、地ならし期、発芽点、成長期、開花・満開期、落葉期の開花モデルに当てはめて検証する。

ブレイク前後の時系列推移
ガンダムファンが「ザクとうふ」拡散の基盤

①地ならし期「ガンダム」ファンの巨大コミュニティ

1979年テレビアニメ「機動戦士ガンダム」が放送されて以来、ガンダムシリーズは、テレビ、アニメ、映画、ゲーム、小説などのマルチ展開によって根強いファンを多数形成してきた。37年を経ても人気を維持し、なおかつ次々と新しい世代をひきつけている。

2011年1月からの「ガンダム」のTwitter、ネットニュースなどのクチコミ関連データの推移をみると、2011年1〜9月まで、検索、2ちゃんねるは月間30万件前後の件数が続いており、Twitterも30万件近くまで投稿数が増加している（図表5-28）。さらに、2011年10月には、約2年半ぶりの新作テレビシリーズ「機動戦士ガンダムAGE」が放送となり、Twitterは80万件レベル、2ちゃんねるは60万件レベルにそれぞれ増加している。そして、「ザクとうふ」発売の2012年3月からはネットニュース件数がそれまでの2倍以上に増加している。

このことから「ザクとうふ」発売時期において、ガンダムに関する情報のやりとりが常に行われている巨大コミュニティがソーシャルメディア上に存在したことがわかる。こうした相当数のガンダムファンの存在が、「ザクとうふ」発売時の情報拡散の基盤となり、購買に結びついていった。

» 図表5-28　「ガンダム」のTwitter投稿数、ネットニュース件数などの推移

(2011年1月〜2012年12月)

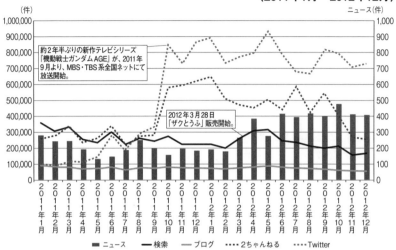

②発芽点 企業発の情報がネットニュース経由、ソーシャルメディアに拡散

　発売前日の2012年3月27日、秋葉原にて相模屋食料が主催する「ザク」とコラボした新作豆腐の発表会が開催された。「見せてもらおうか、相模屋食料のザクとうふの性能とやらを」というキメ台詞とともに、シャア・アズナブル役の声優、池田秀一が登場する演出もあり、ガンダムファンには強烈にインパクトのある情報が企業から発信された。

　そして、「ファミ通.com」を皮切りに、ネットニュースでの報道が相次ぎ、Twitter投稿数は1.5万件を超えた（図表5−29）。そして翌日には「Yahoo！ 検索ランキング」での検索数が急増し、検索数も一挙に1.2万件に達した。

　また、発売日以降、「モーニングサテライト（テレビ東京）」、「スーパーニュース（フジテレビ）」などのニュース番組をはじめ、テレビでの露出が相次ぎ、ラジオ、新聞、雑誌を含めたマスメディアへの露出は、発

> **図表5-29　「ザクとうふ」発売前後のTwitter投稿数、ネットニュース件数などの推移**
> **（2012年3月21日〜5月20日）**

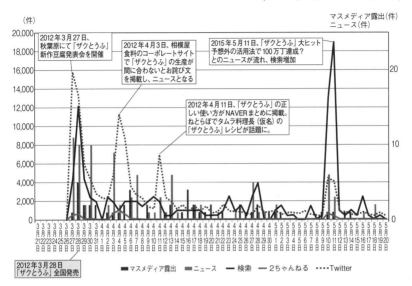

売2週間で20件を超えた。[41]

　企業がしかけた「新作豆腐発表会」に関する情報がネットニュースを通じて、Twitter、2ちゃんねるなどのソーシャルメディア上に流れた。マスメディアでの露出も重なって、ガンダム関連の情報に敏感なファン層が反応、「ザクとうふ」というワードは急スピードで拡散をはじめ、巨大コミュニティを駆け巡った。

③成長期　容器を使った個人のアレンジで情報拡散

　発売から成長期にかけての「ザクとうふ」の周辺ワード（関連語）をみると、「発売」「発表会」→「枝豆風味」「スプーン」「ヒート・ホーク」→「量産体制」→「シャアザク」「入れ物」「食紅」とつぶやかれた言葉が変わっていったことがわかる（図表5-30）。

　発表会の情報ネタから、数量限定で制作したノベルティグッズ（「ヒ

図表5-30 「ザクとうふ」関連語ランキング（日付別、上位5位まで）

	2012-03-27	2012-03-28	2012-03-29	2012-03-30	2012-03-31	2012-04-01	2012-04-02	2012-04-03	2012-04-04	2012-04-05	2012-04-06
1	ザク	ザク	ザク	ザク	ザク	枝豆	ザク	ザク	ザク	シャアザク	ザク
2	性能	豆腐	相模屋	枝豆風味	枝豆	キヌ	枝豆	強化	普通	入れ物	シャアザク
3	相模屋	性能	枝豆	量産型	相模屋	美味しい	スーパー	生産	シャアザク	通常	入れ物
4	発表会	相模屋	スーパー	頭部	スーパー	スプーン	いい	量産体制	通常	赤い	通常
5	池田秀一	発売	ガンダムのザク	ガンダム	キヌ	ガンダム	念頭	体制強化	入れ物	普通	食紅

ート・ホーク・スプーン」）に話題が移る中、「予想を遥かに上回る売れ行きで生産が間に合わない状況にある」とのお詫び文が、相模屋食料の公式ホームページに掲載された。ネットニュース配信を経て、Twitter投稿数は4月4日に1.1万件を超えた（図表5-29）。その後、「生産が間に合わない」との投稿は徐々に減り、容器を使ってさまざまにアレンジした作品がTwitterに投稿されたり、NAVERまとめにレシピが掲載になったりと、話題は広がっていった。

また、4月14日にバンダイが「機動戦士ガンダム」の世界観を取り入れたメンズアパレルショップ「STRICT-G（ストリクト ジー）」を新東名高速道路の「静岡SA（サービスエリア）」にオープン、4月19日には、東京・お台場の商業施設「ダイバーシティ東京プラザ」に「ガンダムフロント東京」がオープンしていた。お台場のフェスティバル広場には、実物大の巨大ガンダムが立った。「ガンダム」が再ブームになってきていた環境もあって、それらのニュースは情報拡散の後押しとなった。

5月11日、「予想外の活用で100万丁達成？」とのニュースが流れ、Twitter投稿数は一時的に4,000件を超えたが、話題量は1日1,000件を割り込み、徐々に「ザクとうふ」のソーシャルメディア上のブームは落ち着いていくこととなる。

さて、これまでみてきた発芽点から成長期にかけての情報拡散は「ザクとうふ」の販売にどう関係しているのか、出荷データを検証してみる。[42] 新作豆腐発表会開催直後、生産が間に合わないとのお詫び文掲載直後など、Twitter投稿数の急増後に出荷数が増加する傾向がみてとれる（図

表5-31）。発芽点から3週間ほどの情報拡散段階では、Twitterによるクチコミが商品購入を促進している。

④開花・満開期～落葉期：シリーズ展開へ

6月4日、「ザクとうふ」は発売以来、累計出荷数が100万丁を突破した。相模屋食料は、大反響に応え、ザクにちなんだプレミアムグッズ「ザク・ハンド・スプーン置きS型」を特別に開発、発売記念キャンペーンの数量限定ノベルティグッズとして話題となった「ヒート・ホーク・スプーン」も付属してプレゼントキャンペーンを展開した。こうして「ザクとうふ」は満開期を迎え、累計140万丁を達成することとなる。

10月3日、「ザクとうふ」に続く第2弾として、ジオン公国軍の水陸両用モビルスーツ「ズゴック」の頭部をモチーフとする「鍋用！ズゴックとうふ」とスケルトンタイプの容器に入ったバニラテイストの「ザクと

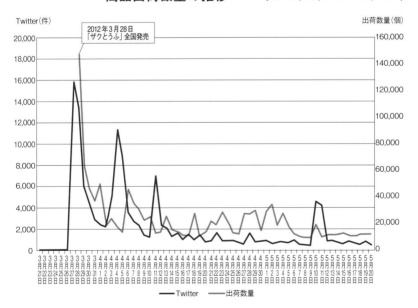

図表5-31 「ザクとうふ」発売前後のTwitter投稿数と商品出荷数量の推移　（2012年3月21日～5月20日）

第5章　事例分析　「タレント・キャラクター」から「一般消費財」へ

うふ デザート仕様」が発売された。ここから「ザクとうふ」は、シリーズ展開をしていくこととなる。これらの商品発売時にも、池田秀一を登場させる新商品発表会を開催し、「鍋用！ズゴックとうふ」は、「ズゴック・クロー・フォーク」を数量限定アイテムとして同梱、ザクとうふの時と全く同じ展開をしかけ、11月11日には、両商品併せて100万丁を達成している。

　さらに、公式ガンダム情報ポータルサイト GUNDAM.INFO（ガンダムインフォ）において、次に発売されるシリーズ商品のランキングが予想され、多くの期待が集まる中、2013年6月7日、第3弾として、ジオン公国軍の試作モビルアーマー「ビグ・ザム」をモチーフとする「ビグ・ザムとうふ」を発売した。

　「鍋用！ズゴックとうふ」「ビグ・ザムとうふ」では、オリジナルジオラマレシピの写真を募集するコンテストを開催し、ガンダムファンに限らず、家庭の食卓における話題を喚起した。その後、2015年8月24日、ジオン公国軍の重モビルスーツ「ドム」をかたどった「トリプル ドムとうふ」を発売、これまでと同様の仕掛けで発売を重ねている。

　ここまでのシリーズ展開について、商品ごとに発売発表から1カ月間のWEBとマスメディアへの露出件数をみると、「ザクとうふ」は、WEB41件、マスメディア37件、「鍋用！ズゴックとうふ」は、WEB49件、マスメディア83件、「ビグ・ザムとうふ」はWEB60件、マスメディア47件、「トリプル ドムとうふ」はWEB133件、マスメディア20件と、露出件数は新商品が登場するごとに増加している。[43]WEBとマスメディアへの露出を通じての情報拡散が定着、拡大していることがわかる。

事例の特異性
シャー・アズナブル役の声優が「お墨つき」を

①イベントをきっかけに、ソーシャルメディアで情報拡散

　「レモンジーナ」、「ヨーグリーナ」の事例では、テレビCM、番組PR、ニュースリリース、インターネット広告、公式Twitterによる発信などをきっかけにソーシャルメディア上で話題が拡散され、それがまたネッ

トニュースに取り上げられ、検索を経てソーシャルメディアが反応する話題連鎖により、情報が拡散していった。一方、「ザクとうふ」はテレビCMでの展開は一切なく、新作豆腐発表会という企業発のイベントをきっかけに、ネットニュースを通じて情報がソーシャルメディアに拡散、そしてそれが多数のマスメディア露出に結びついた。企業発のイベントがきっかけとなった点は特筆すべきところである。

②キャラクターファンの存在と期待を裏切らない「こだわり」
　「レモンジーナ」、「ヨーグリーナ」のケースでは、基幹ブランドの認知、イメージの蓄積と、ソーシャルメディアによって形成されたコミュニティ、そして、消費者の購入・飲用体験が一般個人のつぶやきを通じて発信され、発芽後の成長に寄与した。
　これに対してキャラクターとのコラボで実現したザクとうふは、その長きに渡って形成されたキャラクターファンとそのソーシャルメディア上のコミュニティの存在がベースとなって情報が拡散している。
　また、「ヒート・ホーク・スプーン」はネットオークションで数千円、発送用ダンボールは数百円の値段がついたと言われる。それほどファンの欲求をすべて満たした商品であった。このように熱烈なガンダムファンである社長の細部へのこだわりによって、キャラクターファンの期待を裏切らないリアルな商品となったことが爆発的ヒットにつながった。

③目立った拡散キーワードなく「お墨つき」のコメントで情報拡散
　「アイドルA」では「千年に一人の逸材」、「レモンジーナ」では「土の味」といった拡散キーワードが生まれ、コメントなしRTの急増がきっかけとなって情報が拡散した。「ザクとうふ」の場合は、一般個人の編集合戦や投稿から生まれたようなキーワードの発生はなく、発表会が起点となって情報が発信されている。
　「ザク」と「とうふ」のまさかのコラボの衝撃の大きさによって、キャラクターファンに火がつくという特異な例であった。その中で情報発信の起点、あるいは促進役として大きな役割を果たしたのが、発表会に

登場したシャー・アズナブル役の声優、池田秀一である。「ザクとうふ」に「お墨つき」を与えると同時に、コメントそのものが拡散キーワードとなった。

④二次創作で話題が広がる

　とうふの容器を個人がさまざまにアレンジして利用する写真が、ソーシャルメディア上に数多くアップされている。また、企業側も公式ホームページにジオラマレシピを公開し、二次創作するファンを増殖させた。このように、個人が遊びとしてカスタマイズできる（いじれる）要素があったことが話題を広げた。二次創作の写真の投稿は、情報拡散を加速化させるとともに、ファンの心を満足させるしかけとなる。次なる商品への期待感を膨らませていたものと思われる。

まとめ
とうふと「ザク」のコラボの新奇性が衝撃となった

　「ザクとうふ」は、マスメディアによる広告宣伝、プロモーションは一切なかった。企業からのしかけは、発売前日の新作豆腐発表会開催のみで、「しかけ感」がほとんどなかったことが、かえって功を奏したといえるだろう。

　また、パッケージなど商品のリアリティ感はキャラクターファンを納得させるものであり、とうふと「ザク」のコラボの新奇性が衝撃となった。なかでも、発表会に登場した池田秀一の言葉、いわゆるキャラクターに所縁のあるオーソリティの一言は、話題の拡散をひと押しした。

　コラボの衝撃が「ネットニュース」「NAVERまとめ」などの環メディアを通じてTwitterなどのクチコミにつながったこと。そしてTwitterのコメントなしRTが急増し、急スピードでファン層に情報伝播したことは、ほかの事例に共通する情報拡散メカニズムである。

　WEBとマスメディアへの露出が一連のシリーズ合計400件を超え、情報拡散に寄与した点は、他の事例とは異なるポイントである（図表5－32）。

図表5-32 「ザクとうふ」開花モデル

	地ならし期	発芽期（点）	成長期	開花・満開期	落葉期
概略	コラボキャラクターのファンが形成される時期	事件やきっかけにより急激にソーシャルメディアで認知度が広がる時期	ソーシャルメディアで情報が拡散し、話題が広がっている時期	一通り認知が広まり、多くのメディアで露出される時期	情報の鮮度がなくなり、マンネリ化し、飽きられる時期
キーワード	・「ガンダム」シリーズ（コラボキャラクターの認知度、イメージ）	・「ザク」 ・「池田秀一」（新作豆腐発表会）	・容器を使った個人アレンジで情報拡散 ・「枝豆風味」「スプーン」「ヒートホーク」「量産体制」「シャアザク」「入れ物」「食紅」	・「枝豆」「美味しい」「相模屋食料」	・次のシリーズ商品登場
反応している人	・イノベーター ・アーリーアダプター（ガンダムのコアファン）	・アーリーアダプター感度の高い層が反応 ・オーソリティ「池田秀一」	・アーリーマジョリティ ・レイトマジョリティ	・アーリーマジョリティ ・レイトマジョリティ ・ラガード	・レイトマジョリティ ・ラガード
マスメディア（インターネット広告含む）	・コラボキャラクターのテレビ放送、新聞、小説など	・テレビ番組露出 〈広報〉ニュースリリース	・テレビ番組露出	・テレビ番組露出	・テレビ番組露出
キュレーションメディア	・ネットニュース（検索） ・検索ワードランキング	・ネットニュース（検索） ・Yahoo! 検索ランキング ・NAVERまとめ	・ネットニュース ・NAVERまとめ	・NAVERまとめ	・NAVERまとめ
ソーシャルメディア	・Twitterでのクチコミ拡散	・Twitter投稿増加 ・2ちゃんねる、ブログなどの投稿数も増加、情報拡散	・Twitter投稿は徐々に低下するも一定量を維持	・Twitter投稿はコア層に限定的	・Twitter投稿は次のシリーズ商品へ
販売動向	・コラボキャラクターの巨大なマーケット	・Twitter急増に、販売個数が連動 ・予想をはるかに上回る売れ行きで生産が間に合わない	・販売個数一定量に安定（リピート）	・リピート	・徐々に販売減少

40 クチコミ関連データ（以降同様）。電通バズリサーチ：ブログ、検索、Twitter、掲示板、2ちゃんねるなど、幅広いソーシャルメディアのクチコミを分析できるツール。
　　ネットニュース…Yahoo、MSNなどの主要ニュースポータルとその配信元計約250サイト。
　　検索…累計100万人以上のモニターが実際に使用した検索ワード。
　　ブログ…おおむねカバー。
　　2ちゃんねる…ほとんどの投稿をカバー。
　　Twitter（サンプリング）…1/10のデータ（本文および図表中のTwitter投稿数はサンプリングによる推定値）。
41 相模屋食料株式会社作成資料をもとにマスメディア（テレビ、ラジオ、新聞、雑誌）に露出された「ザクとうふ」関連報道・記事件数を計算（図表5-31掲載のマスメディア露出件数も同様）。
42 相模屋食料株式会社 日別出荷数量データに基づいて作成（図表5-31の出荷数量も同様）。
43 相模屋食料株式会社作成資料をもとに、WEBおよびマスメディア（テレビ、ラジオ、新聞、雑誌）に露出された各シリーズ商品関連報道・記事件数を計算。

7　事例分析のまとめ

　「アイドルA」と「ふなっしー」の事例では、両者がヒット（ブレイク）するにいたるプロセスの最初に、コアなファン層が存在していた。ブレイクするきっかけとなったのは、前者では1枚の写真であり、後者ではテレビ番組の司会者との相撲である。

　開花モデルの枠組みで見た場合、メディアの反芻性とそのブレイクまでの流れという点では、きわめて類似した特長を持っている。すなわち、あらかじめコアなファン層や蓄えられた情報があり、それがきっかけとなるできごとや著名人のお墨つきによって、発芽して（注目されて）情報拡散したこと。

　また、地ならし期の動画やSNSの書込みが、発芽期〜成長期に新たなファンのキャッチアップ材料として機能している点などである。そして、どちらもマスメディアによる情報反芻の後、短期間にTwitterなどのSNSによって、瞬間風速的に情報が拡散し、それをまたテレビがネタとして取り上げるなど、メディアが連動することによって環メディア現象がおこり「コクーン」が、次々に破れていった。

　「アイドルA」と「ふなっしー」で検証した情報伝播のモデル（コクー

ン・ブレイク）とその方法論（環メディア現象）は、一般消費財にも拡張して適応できると考えた。そこで、このモデルを最近話題になった2つの商品（サントリーの「レモンジーナ」と「ヨーグリーナ」）での検証を試みた。どちらの商品にも、親ブランドが存在している（「レモンジーナ」には「オランジーナ」、「ヨーグリーナ」には「南アルプスの天然水」）という点では、地ならし期における情報の蓄えや一定のファンのベースがある。そこにネット広告とSNSを通して火がついた。とくに「レモンジーナ」の場合は、Twitterの「コピー合戦」（「土の味」）によって環メディア現象がおき、一時店頭から商品が消えるヒットとなった。

相模屋食料の「ザクとうふ」に関しては、マスを使わずヒットした事例として検証した。「ザクとうふ」がブレイクしたのは、声優の池田秀一氏出演の秋葉原で開催された「商品発表会」イベントだった。この事例でも著名人がブレイクのきっかけとなり、もともといたガンダムファンに火がつき、SNSによって情報が拡散することによって、マスメディアの情報ネタとなり広く生活者に拡散していった。

コンテンツのヒットにおける情報伝播の枠組みは、それぞれの商品特性や、企業が主として訴求したメディア戦略によってその伝播形態には異なる部分が見られるものの、大きくブレイクしていくものに関してはその過程には多くの共通点が見られた。

あらかじめ蓄えられた情報ストック、ベースとなるファン層の存在、発芽（ブレイク）してからのキュレーション・メディアを媒介とするマスメディアとSNSの連携反芻による瞬間風速的な情報伝播（環メディア現象）などである。

第2部

情報伝播
シミュレーション

本研究の流れ（第6章・第7章）

第1章 問題意識
メディア環境の変化と情報伝播

▽

第2章 メディア・コミュニケーションの先行研究

▽

第3章 メディアの最前線
メディア関係者取材

▽

第4章 新たな「メディア・コミュニケーション概念」の導出

▽

第5章 事例分析
「タレント・キャラクター」から「一般消費財」へ

▽

第6章 シミュレーション
「コクーン・ブレイクモデル」

▽

第7章 まとめ
議論と残された課題

第 6 章

シミュレーション「コクーン・ブレイクモデル」

第6章ではここまでの5つの事例で分析した環メディアとコクーン・ブレイクの現象をシミュレーションモデルとして再現することを試みる。

1 仮説の観察
情報拡散のモデルの再現計画

環メディアとコクーン・ブレイクの再現

本章では5つの事例で分析した環メディアとコクーン・ブレイクの現象をシミュレーションモデルとして再現するが、これを正確な数値モデルとして記述するのはむずかしい。それは、裏づけとなるデータに乏しく、また、多くの意志決定主体が系を構成するために不確実性が高く、さらにはそれらの現象が雪だるま式に拡大することを想定しているためである。

そこで「発芽期」からあとのステップである「情報拡散の実態」のダイナミクスを、現象として模擬することを目標とする。

情報拡散のダイナミクスとしてこれまでに観察した事象は、

① 2段階ヒットにともないSNSがコクーンをはじけさせる様子
② メディアがSNSと相互作用して拡散を助長する姿
③ 過去の情報蓄積が第2段階目の成長を加速するダイナミズム

などであった。

シミュレーションは、エージェントシミュレーションのフレームワークを用いる。エージェントシミュレーションとは、エージェントと呼ばれる意志決定主体をコンピュータ内に生成し、またそれらの行動を数値モデルによって記述することで、系全体の時間発展を観察する手法である。今回は主に情報を送受信する人をエージェントと考え、[44]またエージェント間にコミュニケーションの機会があればそれをエージェント間のリンクと考えてモデルを作成する。

さらには、メディアの存在や情報の蓄積（アーカイブ）を想定して、これらを段階的に投入するシミュレーションを行った。結果的には、私たちが想定した基本コンセプトの組み合わせから、事例で取り上げたときの特徴的な情報拡散のモデルを再現することに成功した。

段階的なシミュレーション実験

情報拡散のダイナミクスとして観察した事象を3要素に整理すると、
① 「コクーン」
② 「環メディア」
③ 「アーカイブ化と検索」
となる。現象を再現するにはこれら3要素をすべて盛り込んだシミュレーションを実施すればよいのだが、これらを正確な数値モデルとして記述することはむずかしいため、「現象を再現する」という曖昧な目的意識では、シミュレーション結果をどう評価してよいのかわからなってしまう。

実は複雑で不確実な系のシミュレーションには必ずこの問題が立ちはだかっていて、目的意識の曖昧なシミュレーションは「ヤッコー」（和泉（2002））（「やってみたらこうなった」というシミュレーションとその結果を批判する言葉）と呼ばれ、避けられる。

そこでここでは、単純なモデルから出発して①〜③の要素を順次に取り込み、段階的にシミュレーションを複雑化して、各段階でできること、できないことを観察した。特に、各段階で何ができないかが重要な鍵となり、実現象として発生している事柄を再現できないモデルに要素を足して再現できるようになったとすれば、その要素が正しいのではないかという仮説が導き出される。

つまり、コンテンツ・ヒット現象のシミュレーションモデル構築プロセスを用いて、コンテンツ・ヒット現象に特有の現象及び必須の要素とは何かを考察する。[45]

さて、これら3つの要素をシミュレーションへと導入するためには、抽象的な本質、つまり、その要素がシミュレーションの中でどのような働きを担うのかを定義しなければならない。そこで方針を図表6-1に示し、また概念図を図表6-2に示した。次の①〜③ではその具体的な内容を示す。

» 図表6-1　コンテンツ・ヒットの3要素のシミュレーションモデル化

	コンテンツ・ヒットの要素	シミュレーションモデル化の方針
①	コクーン	「均質的」から「個性的」へ
②	環境メディア	「メディアなし」から「メディアあり」へ
③	アーカイブ化と情報検索	「一つの情報」から「情報の検索」へ

» 図表6-2　コクーンの存在
　　　　　　環メディア、アーカイブズと検索の概念図

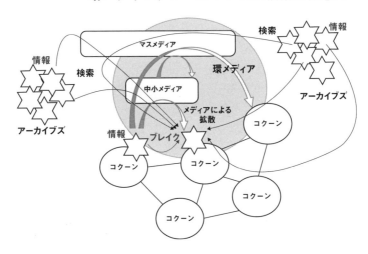

①コクーン・ブレイクのモデル化

　コクーンとは、類似の興味関心を共有する「同好の士」の集合、つまりコミュニティであり、かつその中で共通の関心事についての情報を頻繁に交換する関係性のかたまりであった。

　シミュレーションにおいてはこれを数理モデル化する必要があるが、そこで「特定の興味関心領域」を関心度で数量化した。たとえば、ある興味関心領域Aについて、消費者エージェント（以下、消費者と略す。ま

た、エージェントの考え方についてはP122で再度、解説する)。aさんは、関心度30%、bさんは関心度90%などとする。すると、関心度が高い消費者どうしにコミュニケーションネットワークを張ることで、コクーンを形成することができる。さらに、興味関心領域は複数存在するので、別の興味関心領域Bについても同じように関心度を与え、関心度の高い消費者どうしをつなげば、消費者の集合は関心領域が異なる複数のコクーンにそれぞれ個別の関心度を持って寄り集まるので、コクーン内は強く、コクーンの外は緩やかに結合する。図表6-3は、その模式図である。

　興味関心領域が単一の場合は、すべての消費者が一カ所に集まってしまうが、複数の場合は複数のコクーンが発生し、また両方に所属する消費者を通じてコクーン間のつながりも形成される。情報が興味関心の強い者達の間でやりとりされることを想像すれば、コクーンから情報が飛び出し、別のコクーンに受け入れられて広がるためにはコクーン間を取り持つ消費者の存在は不可欠である。

図表6-3 「興味関心領域」の「軸数とコクーン＝コミュニティ形成」との関係

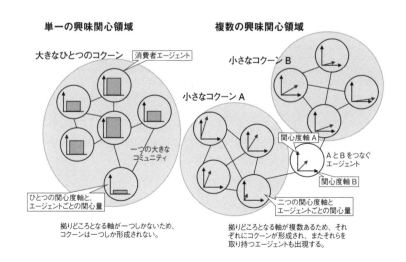

つまり、コクーン・ブレイクのモデルとは、「均質的」であった消費者を「個性的」にすること、言い換えれば、消費者を興味関心領域で分断しながら、一方で弱い紐帯を用いてコクーン間をつなぐことであると言えよう。

②環メディアのモデル化

環メディアは、マスメディアとソーシャルメディアとをつなぐ共創の場であり、鍵となる要素はキュレーション・メディアの存在であった。マスとSNSをつなぐメディアの機能は、「盛り上がっている情報を検知し、それを取り上げて再拡散する作用を持つこと」である（図表6-4）。情報がキュレーション・メディアに検知され、拡散されるので、その拡散プロセスを通して階段状に接触率が上昇する。

そこでシミュレーションの機能として、「メディア」というエージェントを導入する。メディアエージェント（以下、メディア）は多数の消費者から常時注目されている。つまり、メディアから消費者への片方向の情報伝播リンクが存在するようにモデル化する。その結果、メディアが掲げた情報は、たくさんの消費者が同時に接触することになる。

またメディアには、場で盛り上がっている情報を探索する機能を持たせる。これは、メディアから消費者へのリンクを設置し、消費者達の関心情報を集計する機能を持たせればよい。

「メディアなし」の世界では、情報は消費者間のコミュニケーションを一つずつ辿って伝播するしかなく、コクーンから別のコクーンへと情報が伝播するためには、かならず間を取り持つ消費者が情報を流さなければならなかったが、「メディアあり」の世界では、メディアがその媒介となることで、情報の伝播速度およびその範囲が飛躍的に増加する。

③アーカイブ化と情報検索

最後にアーカイブ化と検索をモデル化する。②の段階までは、暗黙のうちに伝播する情報はひとつだけとされていたが、アーカイブを想定するためには、必然的にシミュレーションの中で伝播する情報が複数個で

> **図表6-4　メディアエージェントの導入**

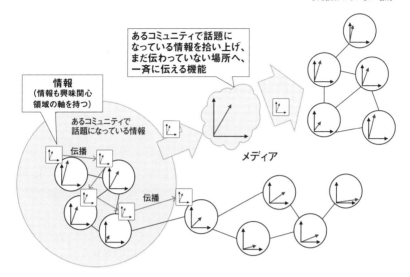

あることを想定しなければならない。さらに情報検索では、今、関心を持っている情報と類似の情報を、消費者またはメディアがアーカイブから拾い上げてくる動作を導入する必要がある。

そのためシミュレーションのシステムの中では、1人が複数の情報について関心を持つ状態を許容し、また各情報は消費者エージェントと同じように興味関心領域のベクトルを持たせる。

つまり、情報もまたエージェントと考え、その情報エージェントが興味関心領域ベクトルを保持しているとし、類似の興味関心領域ベクトルを持つ情報同士が「類似である」とすればよい。

さらに、情報の探索対象としてアーカイブエージェントを配置する。消費者やメディアは、自身が興味関心を持ち保持している情報に対して、それと類似の情報をアーカイブズの持つ情報の中から探索し、自分の保有として引き出す（図表6-5）。

このように、アーカイブ化と検索をシミュレーションモデルの中で構

図表6-5　アーカイブ化された蓄積情報の機能
（拡散と伝播の機能）との関係

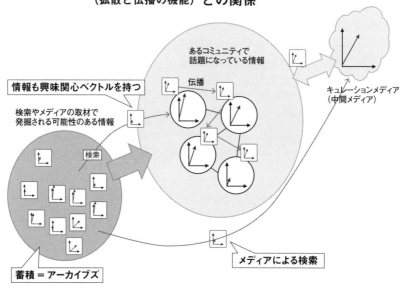

築すると、「ひとつの情報」しかなかった世界から、複数の情報が存在し、それを検索する世界に変化する。

シミュレーションの進め方

ただし、①〜③のモデルを一度に投入してしまうと、どのモデルがどのような現象を引き起こし、また引き起こさないのかがわからなくなるので、①〜③は順次投入し、その変化を観察する必要がある。そこで、その順序と観察の視点を図表6-6に示した。同時に、既存の研究から情報伝播のモデルとして二つ、バスモデル（Bass（1969））および石井・吉田モデル（吉田、石井、新垣（2010））についても、その関係を同図の中で示す。

まず、2では、シミュレーションモデルの基本形を構成し、シミュレーション結果を示す。このモデルは均質的消費者、メディアなし、ひとつの情報で構成される。また、このモデルは普及モデルとして知られて

» **図表6-6　シミュレーション要素の追加と既存モデルの関係**

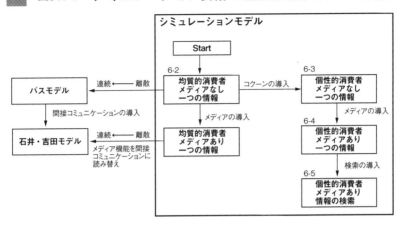

いる「バスモデル」と、ほぼ同等であることも観察する。

次の3では、消費者に異質性を導入して、興味関心領域を複数に増やす。すると、複数のコクーンが生成され、その間を情報が伝播する様子が見られる。

4では、メディアを導入する。これによってシミュレーションの中に、情報の拡散促進作用が生まれる。なお、メディアを入れた状態で消費者を均質的に戻すと、石井・吉田モデルと類似のモデルとなる。石井・吉田モデルは情報伝播のモデルとしてクチコミの他に「間接コミュニケーション」という効果を導入したモデルである。人々の間でよく話題になっているものに関心を向けるという意味で、メディア導入と似た効果がある。

最後に5では、取り扱う情報を1つから複数にする。また、情報をアーカイブ化して、検索する機能を導入する。

44　主たるエージェントは人であるが、以下では他にもさまざまなエージェントが構成される。
45　さまざまなモデル仮説を入れ替えて、できること、できないことを調査することで、どのような構造を持ったモデルが実際に起こった現象を再現するのに適するかを観察するのだが、このプロセス自体がシミュレーションを実施する目的となっている。つまりここでのシミュレーションは、「仮説発見のためのデバイス」として用いられる。

2 「エージェントシミュレーション」の基本モデル

エージェントシミュレーションとは何か？

　エージェントシミュレーションについては先にも概要を述べたが、ここで改めて解説する。
　「エージェントシミュレーション」とは、「エージェント」（Agent）と呼ばれる意思決定主体のモデルをコンピュータの中に多数用意し、それらが相互作用を行いながら時間の経過を観察するシミュレーション手法である。エージェントは、一般に「ヒト」をモデル化することが多く、ここでのシミュレーションでも一人ひとりの「消費者」を一つひとつのエージェントとしてモデル化する。
　コンピュータの中に多数のエージェントが存在し、それらが相互作用している様子は、「箱庭」のイメージに近い。箱庭の中に仮想的な市場を形成し、そこに存在する消費者（エージェント）が自律的に意思決定を行いながら消費を行う様子を、箱庭の外から観察して記録していくのである。
　4以降では、メディアの機能もシミュレーションに投入するので、「メディア」（Media）というエージェントも用意する。消費者とメディアとはその動きが異なるので、コンピュータの中には種類の異なるエージェントが混在することとなる。
　シミュレーションを実施するうえで、意思決定を行わない主体もエージェントとして実装する方が考えやすい場合がある。そこで、意志決定を行わないエージェントとして「情報」「アーカイブズ」というエージェントを置くことにする。情報エージェントは、およそひとつのニュース記事のようなものであり、個別にそのジャンル（興味関心領域）を持つ。アーカイブズは、古くなった情報を溜めておく場所であり、検索の際はここから情報を取り出すことができるような構成とする。[46]

図表6-7　エージェントの「種類と機能」および「保持する状態」

名前	エージェントの機能	保持する状態
消費者	・個別に「興味関心領域」を持ち、これに沿う情報を摂取・消費する。 ・消費者同士はクチコミという「リンク」でつながり、摂取した情報をシェアする。興味関心領域の近い者同士がつながっている可能性が高い。 ・クチコミ発生確率を用いてクチコミを実施し、また忘却確率をもって情報を忘却する。 ・一度接触した情報は、忘却以後関心を持たない。	興味関心領域ベクトル 今、関心を持っている情報リスト 過去に接触ずみの情報リスト クチコミリンクのリスト クチコミ発生確率 情報の忘却確率
メディア	・盛り上がっている情報を取り上げ、拡散する。 ・当該メディアの性質として、興味関心領域を持つ。	興味関心領域ベクトル 拡散相手のリスト
情報	・ランダムに発生する。 ・消費量やメディアによって取得、拡散される。 ・時間が経つと「アーカイブズ」にストックされる。	興味関心領域ベクトル
アーカイブズ	・古くなった情報をストックする。 ・検索された際に適合する情報を差し出す。	興味関心領域ベクトル ストックする情報のリスト

エージェントを定義する

エージェントとその機能の一覧を図表6-7に示す。

ここで、全エージェントにそれぞれ割り当てられる「興味関心領域ベクトル」について解説しよう。興味関心領域ベクトルは、多次元の実数ベクトルから構成される。次元数は、当該シミュレーションで取り扱う興味関心領域の数とする。

たとえば、政治、経済、エンタメ、音楽などのいくつかの関心領域について、個人やメディアの関心を持つ度合を仮想的に数値化したものである。

現実社会では、個人やメディアの興味関心領域は非常にたくさんの次

元を持つと思われるが、シミュレーションにおいては1～8程度の次元で観察することとする。また、この興味関心領域ベクトルは、情報についても設定して、当該情報がどのような興味関心領域にまたがるものかを示す。すると、ある情報とある消費者との相性は、それぞれの興味関心領域ベクトルの「共鳴性」と考えることができるので、ふたつのベクトルの内積をもって両者の相性を定義する。

こうした相性という考え方は、消費者と情報間だけでなく、消費者同士のクチコミリンク、さらにはメディアの持つ拡散相手のリストをつくる際にも用いることができる。とくに、相性の良い者同士は、クチコミリンクが張られやすいような制御を行うことで、興味関心領域別のコミュニティが形成される。後のシミュレーションでは、これを「コクーン」と呼ぶ。

また、アーカイブズに情報をストックする際も、より相性の合うアーカイブズに収録する。いずれにしても、関心領域の共通性（相性）という考え方は、シミュレーションの各所で登場するエージェントに対して適用される。

エージェントシミュレーションの動き

エージェントシミュレーションは、ツール「NetLogo」（Wilensky（1999））を用いて実施した。このツールの中に、すでに触れたエージェント群とその関係性のリンクを設置して、各エージェントの時間的な発展を行う。その様子の一例を、図表6-8に示した。

図表6-8にて、白い小点は「消費者エージェント」を、少し大きい白点は「メディアエージェント」を示す。また、孤立した赤い点[47]は「アーカイブズエージェント」である。消費者間に張られている線はクチコミリンクであり、メディアから消費者へと張られている線はメディアの持つ拡散相手のリストを可視化したものである。

図中には、消費者がクチコミリンクによって寄り集まったいくつかのコミュニティ＝コクーンが観察される。これは、興味関心領域を複数設

》 図表6-8　シミュレーションの初期配置〈カラー図表P185〉

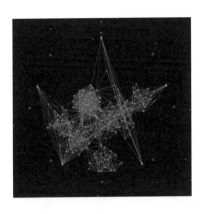

定した場合に生じる現象である。

　図表6-9は、図表6-8で作成した消費者とメディアの環境の中に情報を投入した場合の様子を拡大表示したものである。小さい赤点が情報エージェントで、黄線および緑線は消費者と情報との間に張られたリンクであり、この線があることで消費者が情報に興味関心を持っている状態を表現している。

　つまり、黄色もしくは緑色の線がたくさん出ている情報は、多くの消費者に興味をもたれている情報である。黄色と緑色との違いは情報伝達経路の違いを示しており、黄色ならばその情報は別の消費者からクチコミを通じて受信したものであり、緑色ならばその情報はメディアから受信した情報であることを示している。つまり、黄色が多い場合は主にクチコミで情報が伝播しており、緑色が多い場合にはメディアの影響で伝播している。

　この黄色または緑色の線の本数は、この情報をどれだけの消費者が現在関心を持ってみているかを表しているので、以下ではその人数を「関心量」と呼ぶ。

　なお関心量は第4章で提示した「情報の熱量」と呼応する。関心量は実際に消費者が反応している状態の量であり、一方で熱量の大きい情報

は大きな関心量を引きつける可能性が高い。シミュレーションの画面では、関心量が大きい状態では黄色や緑のリンクが多く出現するので、関心量が色で可視化されている。図表6-10はその関心量をグラフ化したものである。

》 **図表6-9　情報伝播の様子（中心部を拡大）〈カラー図表P185〉**

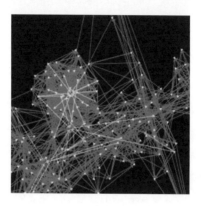

》 **図表6-10　シミュレータからの出力**

関心量推移を受信経路別およびその和で示した。横軸tは仮想的な時間であり、シミュレーションの時間発展ステップ

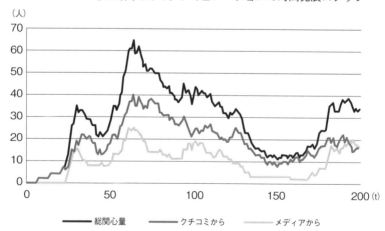

バスモデルの表現

このモデルによるシミュレーションのリアリティを確認するために、クチコミの伝播モデルとしてしばしば用いられるバスモデル[48]との関連があることについて次で説明する。

バスモデルは、時刻での商品の既購入者数を$f(t)$とすると、

$$\frac{df(t)}{dt} = p(f_1 - f(t)) + qf(t)(f_1 - f(t))$$

と表される。ここではf_1最大購入者数であり、右辺第1項は未購入者が何にも惑わされず購入する項でpは未購入者数の係数（革新の定数）、右辺第2項は既購入者の影響により未購入者が購入する項でqは、既購入者数×未購入者数の係数（クチコミの定数）である。このモデルをP122で示したエージェントシミュレーションに当てはめると、情報との接触を商品購入と同一視すれば、図表6-7を次の図表6-11のように読み替えればよいことがわかる。つまり、P122で構成したシミュレーションモデルで、消費者に同質性（均質性）を想定し、また情報を一つだけ投入すると考えてシミュレーションを行うと、バスモデルを再現することができるのである。

同質な消費者とそのクチコミリンクをシミュレータ上で表示したものが図表6-12である。興味関心領域が単一（同質）であり、各消費者エージェントはランダムに接続されることから、コクーンも単一である。その内部は、ランダムにつながっている。星形にリンクが伸びているのは、メディアエージェントとの接続である。なお、このバスモデルの再現においては、メディアの機能は利用していない。

さらに、このように作成したエージェントの設定に対してひとつの情報を投下した際の関心量推移および情報接触シェアは次の通りである。

》 図表6-11　シミュレータからの出力──関心量推移

	エージェントの機能	保持する状態
消費者	・「興味関心領域」は1つで、値は同じ。 ・消費者同士はクチコミという「リンク」でつながり、摂取した情報をシェアする。接続はランダム。 ・情報はもっている人からもっていない人へのみ伝わる。	情報接触フラグ クチコミリンクのリスト クチコミ発生確率 忘却確率
メディア	なし	なし
情報	・1つだけ投入 ・消費者によって取得、拡散される。	なし
アーカイブズ	なし	なし

》 図表6-12　バスモデルを再現するためのエージェント設定

　図表6−13は、関心量の推移と接触シェアを示したものである。ここで、接触シェアとは、単一の情報を投入した際にその情報に接触した経験のある人数の全エージェントに対するシェアと定義している。両方のグラフとも、20回のシミュレーションを実施し、その平均を取った。関心量の立ち上がりと減衰は、それぞれシミュレーションパラメータとして設定した「クチコミ発生確率」と「忘却確率」によって支配されている。クチコミ発生確率が高ければ早く立ち上がり、また忘却確率が高ければはやく減衰する。

　また、接触シェアには、クチコミ発生確率が直接的に影響を与えるが、

忘却確率が低ければ、忘却しない人がクチコミを発生させるため、間接的に影響する。初期に数人のエージェントに対して、もたらされた情報は、時間が進むにつれて拡散されていく。しかし、いずれは上限に向かって収束するので、図表6-13右図のようにS字カーブを描くことになる。このカーブは、バスモデルでもよくフィッティングできる（図表6-14）。

》 **図表6-13　関心量推移（左）と接触シェア（右）**

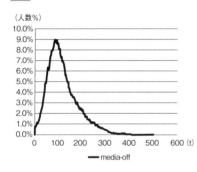
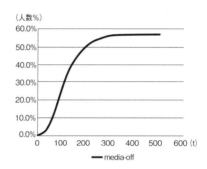

》 **図表6-14　接触シェア推のバスモデルによるフィッティング**

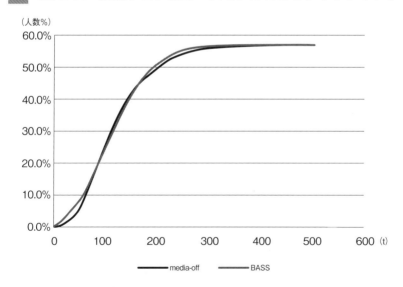

第6章　シミュレーション「コクーン・ブレイク モデル」

46 他にもさまざまなエージェントを想定することができるが、基本的にエージェントの種類は少ない方が考えやすい。種類を増やし、その挙動を複雑にすればするほど自由度も高くなり、計算も難しく、また結果の解釈も困難となるため、注意が必要である。
47 本ページの図表は白黒だが、カラー表示が必要な図表は別途カラーページにて同じ図表を掲載するので、そちらをご覧頂きたい。
48 新製品の普及拡散プロセスを説明するためによく用いられる微分方程式であり、F.M.Bassによって提唱されたモデル。(Bass (1969))

3 コクーンモデルの導入

コクーンの表現方法

　P116の①において複数の興味関心領域を実装し、またクチコミのリンクが興味関心領域の近さで決まるように構成すると、必然的にコクーンが形成される。実際にそのように計算した結果が、図表6-15である。

　図表6-15は、8つの興味関心領域を導入し、それぞれに分離した消費者群の様子である。コクーン間を取り持つ場所にいるエージェントは、複数の興味関心領域を持つ消費者で、情報はこれらの消費者を経由して

》　**図表6-15　消費者がコクーンに別れた様子**

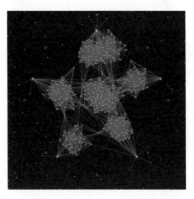

別のコクーンへと流通する。

クチコミでコクーンを渡り歩く情報

　このような場を情報が流通したとしても、多くの場合は、ひとつの関心領域内のみで情報が流通、消費され、関心量は単峰で推移する。その場合、接触シェアはS字カーブを描くことになる。図表6-16には、そのような単一のコクーン内のみで消費された情報の関心量と接触シェアを示した。多くの情報の関心量の推移は、このような形跡を描くことになる。

　しかし、複数の関心領域にまたがる情報であったり、同じ関心領域であってもコクーンが複数に分離していたりする場合は、クチコミによる情報流通の軌跡は複雑な様子を描く。図表6-17から、複数の関心領域にまたがる情報を系に投入した場合の様子がわかる。
　この推移の様子は、5章で観察した「ヨーグリーナ」のTwitter投稿数推移に似た推移を示す（再掲図表6-18）。このケースでは、最初にウェブニュースなどで拡散された第1波と、その後販売再開でTwitter投稿数

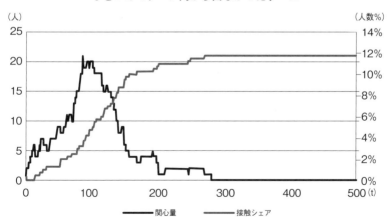

図表6-16　**通常の情報流通状況**
ひとつのコクーン内から出なかったケース

» **図表6-17　情報を流通させたときの様子**
複数の興味関心領域にまたがるとき

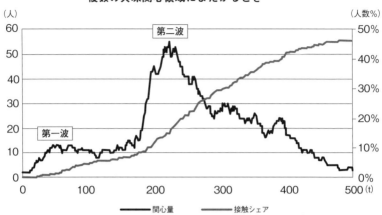

» **図表6-18　ヨーグリーナ販売再開前後のTV番組世帯GPP、Twitter投稿数、商品購入個数の推移**
（2015年6月24日〜7月31日）（第5章図表5-25の再掲）

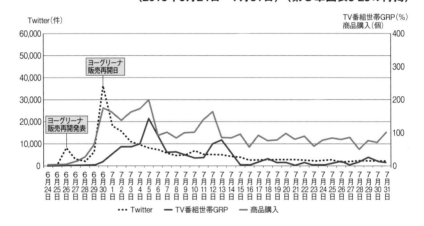

が大きく増加した第2波とに分けられる。第1波は、ウェブでニュースウォッチをするコクーンでの拡散を示している。大きな第2波は、より一般に商品を消費する消費者での拡散とのアナロジーととらえることがで

きる。

　シミュレーションにおいて情報がコクーン間を渡り歩いた様子を観察したのが図表6-19である。このケースでは、最初ひとつのコクーン（t=100, 右上のコクーン）でのみ共有されていた情報が、あるときを境に別のコクーン（t=200頃, 真ん中のコクーン）に飛び火して、そこでブレイクした様子を示している。

> **図表6-19　コクーン間の情報の飛び火**（tは時刻）

〈カラー図表P185〉

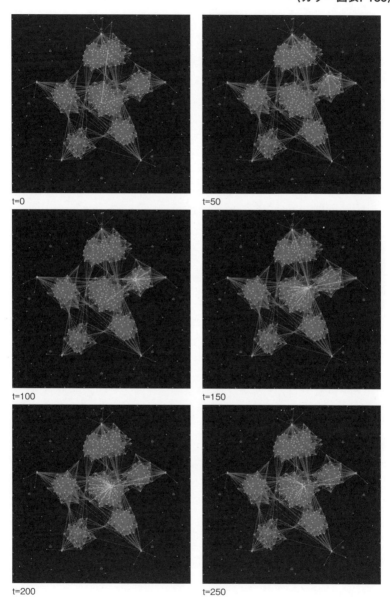

4 環メディアモデルの導入

　このシミュレーションでは、メディア機能を導入することで環メディア効果が得られることをP118の②で解説した。ここでは、メディアの情報収集、拡散のモデルを導入し、そのシミュレーション結果を観察することにしたい。

環メディア導入による関心量推移、接触シェア推移の変化

　メディアは多くの消費者に対して同時に情報発信する。そのため情報の拡散力が上昇し、到達シェアも素早く大きくなる。図表6-20は、メディアの拡散作用を考慮した場合の関心量推移と接触シェア推移である。グレー実線はクチコミから受信した関心量、グレー破線はメディアから受信した関心量である。

　①の部分では、最初は小さくクチコミのみで拡散していた情報が、その様子をメディアが認知し拡散したため、グレーの線が一気に上昇する様子が見られる。すると、メディア経由で認知した消費者がまた一斉にクチコミ拡散しはじめる。その結果、クチコミ受信による関心量も急上昇する。

　図中②の部分では、クチコミ経由では活発に拡散されているものの、一つのメディアからの拡散が収束しそうになったときに、別のメディアが別のコクーンに向けて拡散した様子をとらえている。この時期、クチコミ自体は活発であるものの、その変化はフラットであった。そこに、メディアからの大きな流入増加が到来したため、全体の関心量は2つ目の山を形づくることになる。

　いずれの場合においても、メディアの効果により情報の拡散速度は非常に速くなり、拡散範囲も大きくなっている。

　このグラフの推移を、実際の調査結果（事例）と比較してみる。第5章図表2で示した「アイドルA」のTwitter投稿数およびGoogle検索ボリ

» 図表6-20　メディア拡散機能を入れた場合の関心量と接触シェア推移

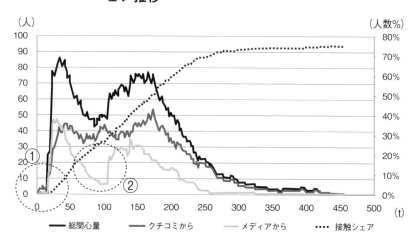

» 図表6-21　「アイドルA」のTwitter投稿数とgoogle検索ボリュームの推移　　（図表5-2再掲）

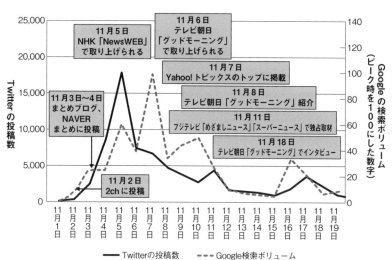

» 図表6-22 「レモンジーナ」発売後の「レモンジーナ」と「オランジーナ」のTwitter投稿数推移
（2015年3月30日〜5月31日）（5章図表5-17再掲）

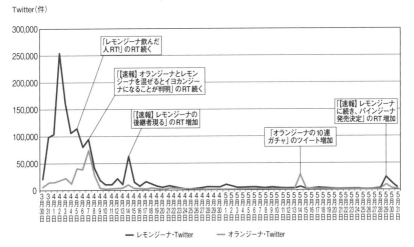

ューム（図表6-21に再掲）の合算や、5章図表5-18に示したレモンジーナ発売後の「レモンジーナ」と「オランジーナ」のTwitter投稿数（図表6-22に再掲）などに類似している。

図表6-23にシミュレーションでの拡散の様子を示した。時刻t=100までは、左下の3つのコクーンで、主に情報が伝達されている様子が見える。それに対して、時刻t=150以降では、右上のコクーンに移っている様子が見られる。黄がクチコミから、緑がメディアからそれぞれ情報が流入したことを示しているが、新しいコクーンへの拡散は緑＝メディアからの伝達が大きく先行して、クチコミが後を追いかけて発生する様子が見てとれる。

間接コミュニケーションが追加された「石井・吉田モデル」

図表6-6に示した石井・吉田モデルがバスモデルと異なるところは、「間接コミュニケーション」の項が追加されている点である。間接コミ

> **図表6-23　メディアの拡散機能を入れた場合の情報拡散の様子**
> 〈カラー図表P186〉

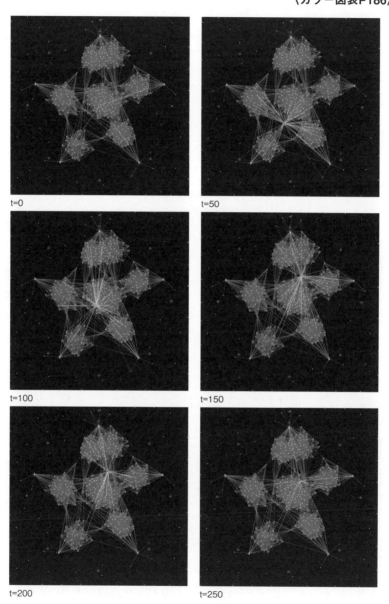

ュニケーションとは、「直接コミュニケーションをしている人たちの会話を、ある確率で漏れ聞いて、それに影響を受ける」(吉田、石井、新垣(2010)) ものである。そこで、「接触済みの人が未接触の人へ直接コミュニケーションをしている様子を未接触の人が関知する」という情報伝播を、間接コミュニケーションとして導入すると、基本バスモデルに、新しい第3項が加わって、式は次のようになる[49]。

$$\frac{df(t)}{dt} = p(f_1 - f(t)) + qf(t)(f_1 - f(t)) + rf(t)(f_1 - f(t))^2$$

ここで、この式の右辺第3項が間接コミュニケーション項であり、接触済み人数×未接触人数×未接触人数に係数rをかけた項となっている。吉田、石井、新垣(2010)では、その間接コミュニケーション作用を用いて、映画についてのブログ書き込み数推移が、公開前と公開後とで同一の式を用いて上昇、減衰するためには間接コミュニケーション項が必要であることを示している。

ところで、図表6-2で構築したシミュレーションモデルには、間接コミュニケーションのモデルが備わっていない。ただし、ひとつの解釈として、メディアのモデルが間接コミュニケーションを代替すると考えられる。これは、メディアのモデルが、「場で盛り上がっている情報」を取り上げて拡散する機能を持つからである。

場で盛り上がっているとは、情報接触済みの消費者が情報未接触者へのクチコミ数が多いことであるから、メディア機能と石井・吉田モデルの間接コミュニケーション項はほぼ同じ機能を有していることがわかる。そこで、メディア機能のON/OFFによって関心量の推移がどのように異なるかを図表6-24に示した。

グラフは20回試行の平均であるが、平均的にも、メディア機能がある場合の方が、立ち上がりが急激であり、また関心量の最大値も大きい。

このシミュレーションの接触シェア推移と、それをバスモデルと石井・吉田モデルでフィッティングしたのが図表6-25である。非常によくフ

» **図表6-24　メディア機能による関心量推移の違い**

（20回平均）

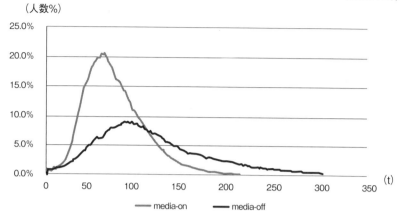

イッティングできているのがわかる[50]。

　さらに、このケースの関心量推移を流入経路別に見たものが図表6-26である。

» **図表6-25　メディア機能ON/OFFでの接触シェア推移**

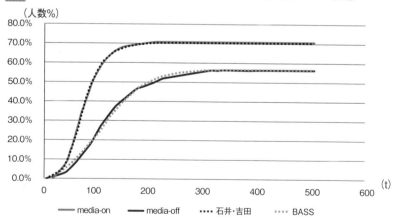

> **図表6-26　メディア機能ONの場合の流入経路別関心量推移**
> **（20回平均）**

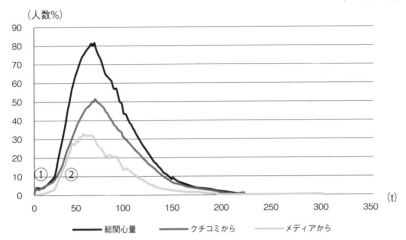

　図表6-26で示されているように、最初はクチコミ経由の関心しかない（①の箇所）が、それを検知したメディアが、情報を取り込んで発信をはじめる（②の箇所）。そして、メディア経由で関心を持つ消費者が一気に増えていく。情報を得て関心を持った消費者がさらにクチコミで拡散するため、話題が一気に盛り上がる。この図では20回平均をとっているため、変化の関係性は見えにくいが、個別のシミュレーション結果を見るとさらに顕著であることを次の図で観察する。

　図表6-26の20回平均に対して、図表6-27はそのなかのひとつのケースを示したものだ。また、参考までに、メディア機能がOFFの場合の平均線も細い破線で記した。
　このケースでは、横軸の時刻t=0からt=50あたりまではクチコミからの流入しかない（①の箇所）。この段階では、メディアはまだ当該情報を発見しておらず、直接コミュニケーション＝クチコミのみによるバスモデルにしたがった時間発展が行われている。実際、参考に記したメデ

> **図表6-27　メディア機能ONでの流入経路別関心量推移**
> （あるケース）

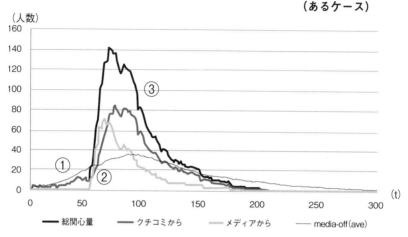

ィア機能が、OFFの場合の平均線に近い推移を示している。

これが、t=50の付近でメディアが当該情報を発見することで、全体の様相が一変する。グレーのラインが急激に上昇するのは、メディアが当該情報を発見して、情報を拡散したからである。そのことで、メディアから情報を入手した消費者が急増する（②の箇所）。ここでは、その前までは緩やかに上昇し、一旦収束しかけていた関心量推移が一気に10倍以上に伸びる。

その後、クチコミによる流入もまた急激に上昇し、天井を打った後に減少に転じる（③の箇所）こととなる。

このように、一つひとつのケースでは、メディアによる拡散がはじまる時刻があり、その前後で様子が一変していることがわかった。

49　吉田、石井、新垣（2010）で示されている間接コミュニケーションの項は、直接コミュニケーションの発信者、受信者およびそれを傍受する受信者が未接触か接触済みかで何通りかに分けられているが、式6.2右辺第3項で取り上げた項はその中の1つである。
50　P137の式の石井・吉田モデルはパラメータが3つもあるので、フィッティングはしやすい。

5　情報の蓄積と検索のモデル

　ここまでは、単一の情報の拡散にのみ着目してきた。興味関心領域で分けられるコクーンが1つの場合は、古典的なモデルで表現されていた。また、興味関心領域が複数ある場合は、複雑な関心量推移が見られることを観察した。

　ここではそのような場に対して、複数の情報が連続して投入される様子を観察することにしよう。検索まで考慮したシミュレーションの実施には、事前に系の中に情報をアーカイブしておく必要がある。そのシミュレーションの様子を図表6-28に示すことにする。

》　**図表6-28　情報アーカイブの表現**〈カラー図表P186〉

　図表6-28の左上、円状に集積した小さい粒が見えるが、これがアーカイブにストックされている情報である。一部の消費者（マニア層、オタク）には、すでにクチコミなどで摂取された既知の情報ではあるが、その他多くの消費者には未接触の情報である。

　これを出発点としてシミュレーションを開始し、新しい情報を投入する。その際、本節の新しい機能として、メディアが類似情報を検索し再

度投げ込む機能を付加する。つまり、ここで投入される新しい情報は、ブームの起爆点となる情報である。メディアが検索可能な類似情報は、図表6-28で示した情報ストックに配置されているものとする。

なお、アーカイブ場所はそれ自体が興味関心領域を持っており、その傾向が近い情報しかため込んでいない。また、メディアも興味関心領域を持っているため、起爆剤となる情報は、次の条件をすべて乗り越えた後にアーカイブ情報を引き出すことに成功する。

- 最初に接触した消費者と興味関心領域が合うこと
- 最初に接触した消費者が周辺の何人かにクチコミすること
- 興味関心領域の合うメディアが、クチコミの盛り上がりを検知すること
- 検知したメディアがアーカイブズを検索した際、興味関心領域の近い情報に出会うこと

アーカイブされた情報を引き出すことに成功したメディアは、それを自身とつながりのある消費者に伝達する。そこからは情報がクチコミされ、さらにメディアが取り上げるという連鎖に入っていく。その中でさらに、メディアによって他の類似情報が検索されるため、大きなムーブメントに発展していく。

図表6-29、図表6-30では、その様子を時系列で追い、さらに関心量の推移を図表6-31に示した。

メディアの検索がある場合、関心量推移は非常に複雑となり、シミュレーションでは毎回結果が異なるため、図表6-31は多くのケースの中の1つである。一方で、アーカイブ情報の検索、再投入のしくみがあることで、毎回系は非常に賑やかになっている。この様子は、5章図表5-21で示した、サントリー南アルプス天然水のTwitter投稿数推移と類似している（グラフを図表6-32に再掲する）。「サントリー南アルプス天然水」では、さまざまな類似情報が投入、拡散され、山が多数出現するが、シミュレーションにおいてこれと類似の状況が観察された。

最後に、すべての情報ストックに多くの情報がある状況でのコクーン・ブレイクのケースを示す。初期状態として、すべての情報ストックに十

» **図表6-29　情報が検索され再投される様子〈カラー図表P187〉**

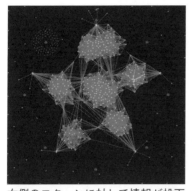

右側のコクーンに対して情報が投下された。

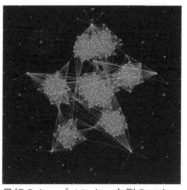

最初のムーブメント。右側のコクーンで情報が検索され、再投入される。

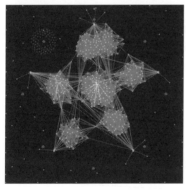

アーカイブの情報が他の興味関心領域を持つ中、左のコクーンに飛び火した。

分な量の情報を配置した様子が図表6-33である。

　この状況に対して、新しい情報を1つだけ投下し、その推移を観察する。当初、いくつか投入するもなかなか発火せず、コクーン内で小さく盛り上がってはすぐに消えていくケースが続いた（図表6-34）。

　しかし、まれに大きなうねりに発展する情報の起点があることがわかった。そのケースを図表6-35に示してある。この場合も、最初は数人が関心を持っているだけであったが、その後t=450辺りでうまくメディアにつながり、まずはコクーン内で発火する。メディアにつながってか

図表6-30　大きなムーブメントの発生の様子〈カラー図表P187〉

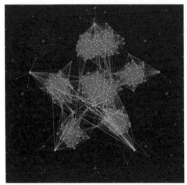
2回目のムーブメント。最初に情報投入のあった右のコクーンでは、すでに火が消えているが、まったく別のメディア（下方）が多くの情報を掘り出し、沸騰している。

3回目のムーブメント。上のコクーンで拡散発生

図表6-31　メディアの検索がある場合の関心量推移のケース

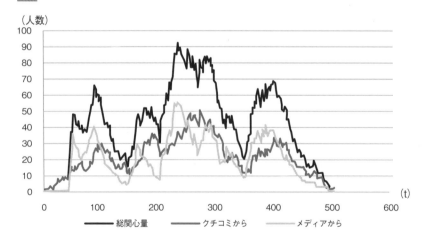

らは検索がはじまるため、関心量の総和は大きく跳ね上がることとなる。この中で時刻t=600の様子を図表6-36に示した。

» 図表6-32 「サントリー 南アルプスの天然水」の
Twitter投稿数などの推移
（2012年3月〜2015年2月）（図表5-20再掲）

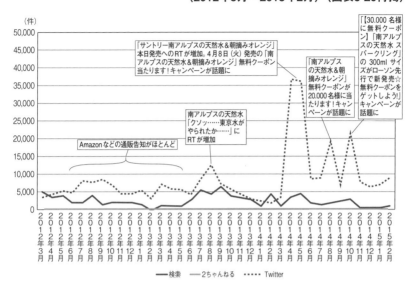

» 図表6-33 検索される情報をたくさん配置した様子

　図表6-36をみると、多くの情報がアーカイブから引き出されて拡散されている様子が見られるが、同時に左下の1つのコクーンでしか盛り

» 図表6-34 情報の拡散に失敗した例

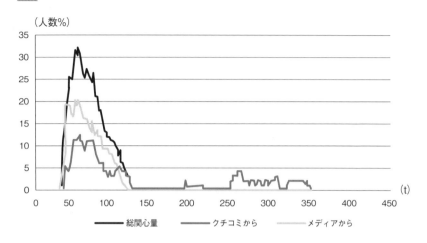

» 図表6-35 情報の拡散が大きくなる例の初期段階

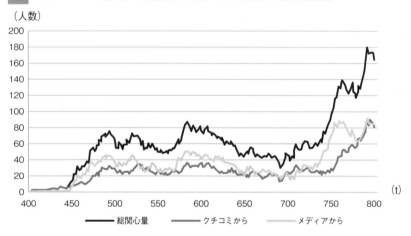

上がっていないこともわかる。この盛り上がりが他のコクーンに飛び火するのは時刻t=750頃である。

図表6-37では、時刻t=750での様子を示した。これはコクーン・ブレ

> 図表6-36　**t=600での様子**〈カラー図表P188〉

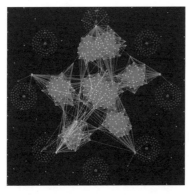

時刻t=600、1つのコクーンだけで盛り上がる様子。左下のコクーンが発火中

> 図表6-37　**t=750での様子**〈カラー図表P188〉

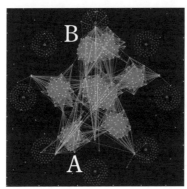

時刻t=750、左下コクーンから上方のコクーンに飛び火

イクの顕著な一例であり、最初のコクーン（コクーンAと呼ぶ）で盛り上がった話題のうち他のコクーン（コクーンBと呼ぶ）とも親和性の強い情報が関心量を持って拡散されることによって生じる。

　実はこの情報は、過去に系に投下されたものであったが、当時は関心者が少なかったため、コクーンBに近いメディアは取り上げなかった。そのために当時はコクーンBでの関心者も発生しなかった。

　しかし、t=750では、コクーンAでの盛り上がりに目をつけたコクー

ンB寄りのメディアがその情報を検知し、コクーンBに投下することで盛り上がりが発生している。つまり、過去の情報の再登場には、その類似情報が盛り上がっている場をつくること、そしてその盛り上がりをメディアが取り上げ、過去の情報を再配布することが必要なのである。

図表6-38は、本ケースの関心量推移の全過程を示したグラフであり、図中破線で囲った部分が図表6-35に示した初期の推移である。本ケースは、このように着火と飛び火を繰り返して、時刻t=1250辺りをピーク（図表6-39）に、その後下降線をたどる。[51]

》 **図表6-38　全期間の関心量推移**

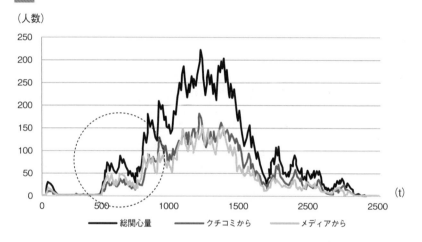

t=1250以降の沈静化の途中においても、その間も何度か飛び火～鎮火を繰り返すことも観察された。すべての情報をすべての消費者が知ってしまえば、ブームは完全に鎮火するので、時間の経過に従って必然的に場は鎮火に向かう。蓄積された情報が多くかつバラエティに富んでいて、さらにそれらの情報が多くの人にとって未知であれば、一度ついた火はなかなか消えない。そして、既知の情報ばかりになってくれば、それ以上燃えるものがないため、急速に鎮火する。

» 図表6-39　t=1250での様子〈カラー図表P188〉

51　注意であるが、実際にはこのシミュレータは上述のような現象が生じるように構成されている。つまり、メディアエージェントには場の盛り上がりを察知し、盛り上がっている情報を再配布する機能を持たせてあり、そのために連鎖の増幅を担うことができる。
　　逆にメディアがこの機能の一部を持たない場合、たとえば場で盛り上がっている情報を検知することができなかったり、過去の情報をアーカイブから引っ張り上げる機能を持たなかったりした場合には、メディアは情報の盛り上がりを増幅することができない。
　　シミュレーションからえられる知見とは、現象の表現を担うモデル発見のための洞察であり、ここではメディアエージェントへの盛り上がり検知とアーカイブ検索の2つの機能が示唆されたことが知見である。

6　シミュレーションから見えてきたこと

　第6章では、エージェントシミュレーションによってコンテンツ・ヒットの現象には必然的に「コクーン」の存在とそれが破れる「コクーン・ブレイク」、コクーンとメディアを結びつけ、情報を反芻する「環メディア」、そして「アーカイブズ化」と「検索」による蓄積の再利用が必要であり、これらの作用によって複雑なコンテンツ・ヒットの様子が再現されることを示した。

ただし、本シミュレーションを用いたモデルは、データによる裏づけに乏しいため、今後は個別のモデルについて調査データの収集およびその確かさの検証が求められる。

第7章

まとめ
議論と残された課題

マスメディアとSNSの中間に位置する「キュレーション・メディア」の役割を明確にし、情報拡散のモデル（環メディア現象）により、現代のヒットの様相を説明することができた。概念モデルは直接的には実証することができなかったが、ヒットに至るまでのシステム全体の振る舞いは、コンピュータ・シミュレーション実験によって再現することができた。
最後に、リサーチ上で残された課題と「環メディア」の将来的な発展に関して議論してみることにしよう。

1 ニッチグループ「コクーン」を位置づける

　取り上げた最初の2つの事例（「アイドルA」と「ふなっしー」）では、両者がブレイクするにいたるまでのプロセスで、共通の関心を持ったファン層を想定した。そうしたニッチなグループを「コクーン」と名づけた。しかし、後半の商品（「レモンジーナ」と「ヨーグリーナ」）の事例では、必ずしも「熱いファン層」が存在していたわけではなかった。

　また、サントリーの事例では、企業のマーケティング努力の一部が商品のヒットに貢献していることがわかる。キャラクターやスターが誕生する「コクーン」と、サントリーのケースでの「親ブランド」（「オランジーナ」と「南アルプス天然水」の既存客）の位置づけを、モデル構築の上でも明確に概念化して整理する必要があるだろう。

2 「2段階ヒット仮説」発生のメカニズム

　私たちが発見した複数の概念（コクーン・ブレイク、キュレーション・メディア、情報のアーカイブ化など）が組み合わさって、情報の大きな波が2段階（場合によっては3段階）で発生するメカニズムを明らかにすることができた。ヒットが発生するまでの多段階の現象は、従来型の普及モデルで想定されている単一の概念（同質な消費者とクチコミ）では説明できない。多段階モデルは、とくに後半のシミュレーション実験でも確認できている。これは、私たちの研究の大きな成果だろう。

　残された課題は、どのような条件であれば、第1段階のヒットが次のステージに昇れて、どのようなパラメータが設定された場合は、短期のヒット（ファッド）で収束してしまうのか。私たちの枠組みだけでは、いまのところはその先の予測がつかない。

　ヒットの偶然性と必然性を切り分ける別の発想が必要なのかもしれな

い。現状では、構造の違いなのか、単にあるパラメータの大きさが大ヒットと小ヒットの分水嶺になるのかは不明である。さらなるデータ分析と新しい切り口が必要である。

3 マスメディアの役割

　サントリーの飲料ブランドと「ザクとうふ」の違いは、マスメディアの関与の違いであった。これは、「アイドルA」や「ふなっしー」の事例でも言えることである。どちらの場合もリアルな世界のイベントがあって、ブームに火がついている。
　また、「二次創作」のしやすさがヒットに貢献していることはまちがいないのだが、この2つの概念は、今のところはシミュレーションモデルに明示的に組み込まれているわけではない。
　では、全体の「予期せぬヒット」の事前予測は可能なのだろうか？単なる後づけに終始することは「科学」とはいえないのだろうか？

4 シミュレーションという方法論

　コクーンがはじける様子とその後の振る舞いは、マスメディアとSNSとの相互作用と、アーカイブ化による過去の情報蓄積によって説明された。消費者（エージェント）、キュレーション・メディア（中間メディア）、マスメディア（テレビ）の3者が、社会的な情報拡散をけん引していた。
　結果として、SNSが主導するヒットのプロセスを、エージェントシミュレーションという方法によって再現することに成功したわけである。方法論的には、マーケティング科学に新しい地平を開いたのではないか、と私たちは考えている。

従来のマーケティング・サイエンスでは、たとえば、消費者（集団）の行動を説明するために、「精密な」パラメータ設定と「厳密な」予測モデルを要求してきた。しかし、私たちは、その厳密さからはあえて離れることにした。あえて、その方法論を採用することにしたのである。
　私たちが採用したシミュレーションの方法は、厳密な意味での普及過程の再現ではない。ある意味で、キャラクターや商品の普及パターンを「疑似的に」再現したものである。
　時系列的な情報の伝播は、マスメディアとSNSの相互作用から生じている。それゆえに、ヒットが起った後の消費者全体の動きが、そのまま継続していくのか、それとも収束してしまうのかをおおよそ説明できればよいと考えた。ある意味で、数量的なモデルアプローチを採用しながら、その最終アウトプットは、「定性的な振る舞いを同定すること」を目標にすることにした。
　こうしたアプローチに新規性があると考えているのだが、この方法論は、単なる定性的な分析だと判定する立場もあるだろう。私たちの採用した方法が、「科学」といえるかどうかは、従来からある厳密な科学者からは批判の対象になるだろう。

特別講義

なぜ、「ザクとうふ」と「ナチュラルとうふ」はヒットしたのか?

鳥越淳司
(相模屋食料株式会社 代表取締役)
進行 小川孔輔

相模屋食料株式会社の設立は、1951年10月。群馬県前橋市に、本社と最新鋭のとうふ製造ライン設備を持った5つの工場があります。2016年2月期の売上高は201億円で、6年前の2010年は104億円でした。超成熟産業といわれるとうふ市場で、いまでも年率約15％の勢いで成長を続けています。
　講師の鳥越淳司氏は、1973年、京都生まれ。大学卒業後、雪印乳業へ入社。2002年、相模屋食料に入社して、2007年に代表取締役に就任しました。相模屋食料を、地方の中堅企業から、売上高201億円（2016年2月期）の業界トップ企業に導いた43歳の若い経営者です。
　自らの発案で、「焼いておいしい絹厚揚げ」「ザクとうふ」「マスカルポーネのようなナチュラルとうふ」など、自由な発想で新スタイルのとうふを相次いで打ち出し、とうふという超成熟市場において、革新を続けています。著書には、『「ザクとうふ」の哲学——相模屋食料はいかにして業界No.1となったか』（PHP研究所、2014年）があります。
　鳥越氏が最初に取り組んだのは、それまで"超"がつく成熟産業と言われていたとうふ市場のしくみを変えることでした。とうふのつくり方を変えて、世界初の「完全自動化とうふ製造システム」を開発しました。総投資額41億円の第三工場を建設したとき、相模屋食料の売上高は32億円でした。この製造ラインには、ファナックのロボットが導入されています。また、販売面では、生協やCGC系の地方スーパーと提携して、ジャストインタイムで店頭にお豆腐を届ける情報物流システムを構築してきました。
　2013年に、機動戦士ガンダムをモデルにした「ザクとうふ」が誕生します。それまで自ら進んでとうふ売り場に足を運ぶことなどなかった30代〜40代の男性が、「ザクとうふ」の発売をきっかけにとうふのファンになる一大ヒットのストーリーについては、鳥越氏の講演をお楽しみください。とうふでターゲティングができることを確信した鳥越氏は、つづいて、健康と美容に敏感な若い女性に的を絞ります。そこで生まれたおとうふが、「マスカルポーネのようなナチュラルとうふ」でした。
　「ザクとうふ」もナチュラルとうふも、一見して意表を突いたマーケ

ティングに見えますが、実は、そこには技術革新と製品開発に裏打ちづけされたきちんとした計算があることがわかります。「ザクとうふ」の場合は、SNSの上手な活用法と生産技術のイノベーション、ナチュラルとうふの場合は、徹底したフィールドリサーチと素材加工の技術開発。とうふ業界の常識を覆すために、異業種出身の鳥越社長は、業界外からの知恵と自らの好みに決断をゆだねます。

それでは、約一時間の講演をお楽しみください。

1 成熟市場でも変えられることはある

相模屋食料は、おとうふの製造販売の会社です。本社は群馬県前橋市にあります。小川先生（司会役）とは、「日経MJヒット塾」の連載で取り上げていただくなどのご縁があり、今日、法政大学にお招きいただいています。今回は、「成熟市場の活性化」というテーマで、おとうふの世界で私が行ってきたことについて話します。おとうふは伝統食品と言われ、超成熟市場でもうこれ以上変わりようがないといわれてきましたが、そんな中でも、だからこそ変えられることがあります。本日は、そのことを示したいと思います。

まずは、簡単に自己紹介をさせていただきます。私は、京都の生まれで、大学卒業後、雪印乳業に入社しました。雪印の後、2002年に相模屋食料の3女と結婚して、地場の中堅とうふメーカーだった相模屋食料に入社しました。

雪印乳業は、ご存じのように、2000年に大規模な食中毒事件を起こし、1万人以上にわたるお客様にご迷惑をおかけしました。社員がお客様を訪問して謝罪して回り、メディアでもお詫び行脚として報道されました。私は当時25〜26歳くらいで、営業担当者として、お客様を回り、ひたすら謝り続ける毎日でした。私自身、多い時には1日13回も、土下座をして回っていたものです。土下座を何度もしていると、そのうち、頭が真っ白になってきます。

それまで、雪印社員として誇りを持っていましたが、こうした経験を通じて、「プライドなんてものは、最初からなかったのだ」という当たり前の事実に直面することになります。それなりの大学を出て、いい会社に入り、そこでちょっとした評価を受けることで、「自分はすごい、おれってできるじゃないか」と思い込んでしまっていたのです。ところが、「雪印」という看板が外されると、そんな小さなプライドはズタズタになり、なくなってしまいます。

　ここでネガティブに考えれば、自分には存在価値がないのだという気持ちになります。ところが、物事をポジティブにとらえなおすと、プライドを自ら捨てられる人間というのは、実はものすごく強い。そして、ポジティブに考えられれば、物事は変わる。そこが、その後に私が取り組んできた仕事の原点のように思います。

　「ザクとうふ」のことをお話しする前に、成熟市場と言われている豆腐の市場のことについて簡単に触れておきたいと思います。

2　「伝統食品」超成熟市場の革新に挑む

とうふ市場

　日本食は、米と大豆の文化だといわれます。とうふ、納豆、味噌、魚にかける醤油、すべて大豆からできています。大豆の筆頭格はとうふで、食用大豆の6割はとうふに使われており、とうふは和食の代表格だと言えます。

　とうふの市場規模は、約6000億円です。4000〜8000億円まで、市場規模については諸説あります。とうふ製造施設は、ピーク時には5万軒ありました。現在の全国のコンビニと同じくらいの数になります。それが、現在は8000軒に減っています。後継者難などが理由で、1年に1,000軒近く消えています。

　ここまではよくある話で、伝統がだんだん廃れていき、いつかは途絶

えてしまう。そういう市場の典型例です。伝統というと、「継承するもの」、「守るもの」であり、絶やさず次世代につなぐことが大事で、「衰退をどう防ぐか」という発想がまず先に来るものです。「伝統は、もうこれ以上変わりようがない」と、誰もがそう思い込んでしまっています。

ネガティブに考えると、やっていてもしかたがないように見えるかもしれないが、ポジティブにとらえ直して、皆がそう思っているところで何か新しいことをやれば、成功率が高いともいえるのです。伝統食品市場は超成熟市場。

だから、誰もがレッドオーシャンと思って、わざわざ取り組まない。だからこそ、超成熟市場は、ブルーオーシャンに転じる可能性を秘めているのです。

相模屋食料の成長

相模屋食料は、2016年の2月決算で売上高201億円を突破しました。2008年度以来、とうふメーカーとしてトップの座にあります。この10年間で、売上高は5倍になっています。とうふ業界では、「とうふ屋とできものは、大きくなるとつぶれる」といわれていました。おとうふが評判になり、どんどん売れると、人を雇ったり、機械を入れて大きくなります。

売上高40～50億円くらいまでは、家族経営で何とかやっていけますが、それ以上になると、組織や体制を抜本的に変えなければ対応できなくなる。そこで破たんするというのが、それまでのとうふ業界のパターンだったのです。実際、売上高100億円を超えたとうふ屋は、相模屋食料が初めてです。100億円を突破した頃は、「明日、潰れる」などといわれたものですが、その後も当社は成長軌道に乗っています。

相模屋食料は、本州、四国、九州に営業網を広げており、2016年の3月から群馬に新工場、4月からは神戸工場も稼働しています。本社のある群馬県内には5つの工場があり、全国最大のとうふと厚揚げの生産拠点としては全国最大で、1日当たり100万丁、最大で150万丁のとうふを生産販売しています。

図表特別講義-1　相模屋食料 業績の推移

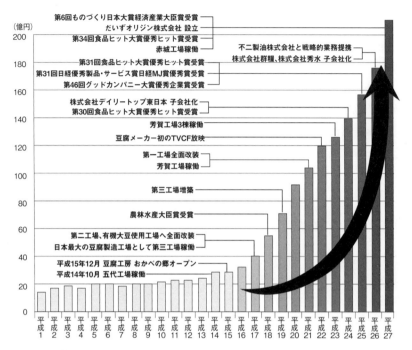

出典：相模屋食料 ホームページより

　業界のデータ（2015年）を見ると、当社が1位で、続いて太子食品工業、タカノフーズ、朝日食品（スーパー子会社）、さとの雪という順で、売上高が50億円を超えている企業は、これくらいです。
　この中で、とうふ専業は相模屋食料だけです。太子食品やタカノフーズは納豆の会社、朝日食品はスーパー子会社、さとの雪は機械や包装資材のメーカー（四国化工機株式会社）の食品事業という位置づけになります。とうふ専業ではありません。

3 「木綿と絹」基本を徹底的に追及する

とうふの基本は木綿と絹

　とうふの基本は、木綿と絹です。この2つがとうふの王道です。私は王道を徹底的に強調することにしました。とうふは、誰でも知っていて、誰でも食べたことがあるマスの市場で、業界の誰もがもう変わりようがないと思っています。しかし実際には、やるべきことはたくさんあります。

　木綿と絹のとうふを追求すれば、とうふ造りの基礎も確立できる。相模屋食料はここで確固たる基礎をつくったうえで、マーケットを広げてきました。

焼いておいしい絹厚揚げ

　「焼いておいしい絹厚揚げ」は、発売以来6年連続で大ヒット商品になっています。毎日、16万パックを生産出荷しています。もっちりした新食感が特徴で、もちもちしているのは、タピオカ澱粉を使っているからです。とうふ業界では、「とうふというのは、大豆、水、にがりでできているもので、それ以外はとうふではない」という考え方が根強いのです。「焼いておいしい絹厚揚げ」を発売したとき、業界では、「澱粉入りは邪道だ」「こんなのは厚揚げではない」と、さんざんな反応でした。

　これは、伝統食品に典型的な「つくり手発想の落とし穴」だと思います。お客さんが望むのは「おいしいもの」のはず。これは私の想像ですが、おそらくあるとき、お客さんがとうふ屋に、「お宅のおとうふは、なぜおいしいのですか？」と聞いたのだろうと思います。とうふ屋は、「とうふというのは、大豆、水、にがりでつくるもので、おいしくつくるには腕のいるものです」というように答えたのでしょう。そこから、つくり手と客との乖離がはじまったのではないかと思います。「おいしい」というところが大事だったのですが、いつのまにかつくり手のこだわり

の方が先に立って「俺のつくったこの難しい製法の、俺のこのとうふが……」というふうになっていき、作り手の頭から「おいしい」が消えていってしまったのではないでしょうか。

「焼いておいしい絹厚揚げ」は、業界ではいろいろいわれましたが、お客さんは、もっちり食感はおいしいということを評価してくださり、今では年間28億円の大型商材に育っています。単品の売上としては、とうふ市場で初めてのことです。「焼いておいしい絹厚揚げ」の成功により、絹厚揚げは、サブ・カテゴリーからライン・カテゴリーに変わりました。

▍新常識を創った「なめらか木綿3個パック」

絹の3個パックは昔からあります。が、木綿とうふの3個パックは、当社がはじめるまで、業界では長いこと不可能だといわれていました。絹は充填とうふというものがありパックにそのままとうふを充てんすればよいのですが、木綿は、凝固剤で固めた豆乳を一度崩し、水分を絞って再び固めてからパックしなければなりません。

工程が多くて、手動でパックしている普通の工場では、大きく手間が増えることになります。製法、コスト、賞味期限などさまざまな理由で、皆ができないと信じ込み、それが「常識」のようになっていたのです。

ある席で、「なぜ木綿の3個パックはないのかと、お客さんから怒られた」という話が出ました。私はそこで考えてみて、「できるはずじゃないか」と思ったのです。即断即決で、翌日には「木綿3個パック」特別チームを結成し、企画からわずか1カ月半で発売までこぎつけました。

確かに、昔の技術ではできなかったのでしょう。しかし、研究開発が進み、技術的には可能になっていました。とうふ業界が、できるようになっていることに気づいていなかったというだけの話です。

こうした思い込みの聖域は、とうふ業界にかぎらず、伝統的な市場や超成熟市場にはたくさんあります。OS（コンピュータのオペレーティング・システム）と同じように、「できない」という常識についても、つねにアップデートしていかなければいけないのです。

新商品群を支えたプロセス・イノベーション

とうふは日配品です。消費期限が短く、在庫が持てないうえ、特売時には納品量が通常の10倍にも跳ね上がり発注量に波があります。しかも、売れ残れば値引きか廃棄になります。

私は、こういう難しさを逆にとらえて、「おいしいおとうふを安定的に生産供給できるメーカー」として、木綿と絹の王道を極めようと考えました。

日本のメーカーでは、製造工程は、とうふを切った後は手作業でパック詰めをしています。相模屋食料では、製造工程を全面的に機械化することにしました。手作業では、人の手で触れられるように、とうふの温度を下げなければなりません。時間も人手もかかるうえ、温度を下げれば味も落ちます。

機械化すれば、あつあつの状態でおとうふを容器に詰めることができるうえ、あつあつなら雑菌が繁殖しにくく、賞味期限も長くすることができます。

そこで当社は、世界初の完全自動化とうふ製造システムを開発しました。高速で動くロボットアームにより、おとうふにパックをかぶせて、暖かいままパック詰めします。そして、この新しい製法を、「ホットパック製法」と名づけました。

2005年、この新システムを備えた第3工場の稼働にこぎつけました。新しい機械は非常に高価で、第3工場建設には41億円という大規模な投資を要しています。当社がまだ年商32億円だった時代のことです。こうして、とうふは究極の設備産業となったのです。

木綿3個パックを短期間で開発・発売できたのも、工程が自動化され、パックに人手をかけずに製造できるようになっていたからです。

当社は、即断即決の実現スピードを身上としていますが、スピードとともに、こうした革新の連続ももう一つの強みとなっています。

4 「ザクとうふ」 新しいカテゴリー、新しいターゲット

ガンダムが好きだからはじめた

　ここまでは、私が経営者として最初に取り組んだことを話してきました。次に、とうふの可能性の象徴として、「ザクとうふ」を紹介したいと思います。「ザクとうふ」の発売で、とうふの考え方、カテゴリーが変わったのです。新しいカテゴリーが生まれたのは、「ザクとうふ」がきっかけでした。

　「ザクとうふ」は、4年前（2012年）に発売し、大ヒットした商品です。発売当時、私のようなスーツを着た40代男性たちが、スーパーに並んで「ザクとうふ」を買っていく姿が、そこかしこに見られました。いろいろなメディアからインタビューの依頼を受けましたが、「なぜつくったのか」という質問に対する私の答えは、「ガンダムが好きだから」、「私自身が欲しいから」、ただそれだけです。

　よく趣味と仕事は一緒にするなといいますが、中途半端でなく必死にやれば認めてもらえる。好きなことがあれば、仕事でも圧倒的に取り組むといいと私は思います。

　ところで、「なぜザクなのか？」と、聞かれることがあります。ザクというのは、ガンダムの地球連邦軍と戦うジオン公国の主力で、モビルスーツを着た兵士なのである。実は、「ザクととうふ」には共通点がいろいろあります。最大の共通点は、名脇役であること、そしてお互い量産型であるということです。

ターゲットはスーパーに行かない30〜40代男性

　「ザクとうふ」のターゲットとしては、ガンダムのコアファンである30〜40代男性を想定しました。彼らは間違いなく、スーパーのとうふ売り場へは、能動的には行かない人たちです。土日にショッピングモールに奥様の買い物につき合わされ、奥さんの後ろからカートを押してつい

てきているような人たちです。

　どうでもいい感じで買い物していて、主にお酒とおつまみにしか興味がない。おつまみは割と高いので、カートに入れようとしても奥さんに許してもらえないが、「ザクとうふ」は200円程度で、これくらいなら大目にみてもらえる値段です。ビールのおつまみは枝豆、冷ややっことなるところへ、「ザクとうふ」が入る。こういうイメージです。

「モノアイ」シールはすべて手貼り

　「ザクとうふ」のパックは、「モノアイ」というザクの目に当たる位置に、シールが貼ってあります。実は、パッケージで色が違うものは製造できないということで、これはすべて手貼りなのです。現在累計出庫数460万個のシールを張るのは、狂気の沙汰というほかない。言い出したのが社長だからこそ、できることです。

　工場は自動化しているので、検品などを除き、普段、生産ラインにはほとんど人がおらず、3人でオペレーションしています。しかし、「ザクとうふ」をつくるときは、「モノアイ」シールを貼るところだけ、36人がラインに張りついて「機動」して、「ザクとうふ」を「出撃」させました。新入社員が研修を終えて初めてやった仕事が、このシール貼りだったのです。

シャアの声優 池田秀一氏が「ザクとうふ」発表記者会見

　発売時には、記者発表会も開きました。とうふ業界では初のことだったようです。なぜ開いたかというと、ガンダムのシャアを演じている声優の池田秀一さんに会いたかったからです。

　池田さんは、ガンダムファンにとっては、神様のような人です。私は、「池田さんに会いたい、どうしたら会えるか、そうだ、『ザクとうふ』の発表会にゲストとして呼べばいい」と思いついたのです。

　そして池田さんを招き、握手とサインをしていただいた。直接私に言葉をかけていただき、夜もご一緒させていただいた。これが私の自慢なのです。

SNSでの反響

発売記念発表会は3月27日、すぐにSNSで大きな反響を呼びました。特にツイッターでは爆発的な反応があったそうです。全国販売ではなかったので、「見つけた」「ゲットした」というツイートに加え、「こんな食べ方」「次は何だ」という話題で盛り上がりました。これをマスメディアが取り上げ、400以上のメディア露出につながったのでした。

おとうふ「3つの初」を達成

「ザクとうふ」の成功でいちばん嬉しかったのは、おとうふの世界で3つの「初」を達成したことです。

ひとつめは、普段はとうふに縁のない30～40代男性が、スーパーのとうふ売場に殺到したこと。

次に、おとうふとして初めて、何も調味料をつけずに、そのままおとうふを味わうという食べ方が受け入れられたこと。普通、おとうふには、お醤油をかける（私たちの言葉では「被弾した」という）が、「そのままでおいしい」とお客さんからいわれたのは、革命的なことでした。そして、1丁（私たちはとうふ「1機」と呼ぶ）を、1人で丸ごと食べるという食べ方をしてもらえた。ちなみに、「ザクとうふ」では、「動力チューブ」の部分から食べる食べ方もあります。

3番目に、おとうふが初めて鍋料理の主役になったことです。ガンダムにはズゴックというモビルスーツがいます。私は、水面から頭部を出し、周囲をうかがうズゴックの絵を見ているうちに、「鍋用の水陸両用タイプとうふ」というアイディアを思いつきました。

これがガンダムシリーズの2作目鍋用！ ズゴックとうふ」です。「鍋用！ ズゴックとうふ」では、おとうふをまず入れて、その他の具材を後で加えて食べる。ズゴックでは、鍋写真コンテストもやりました。コンテストでは、生け花のような作品が、最優秀賞を獲得しました。ワールドビジネスサテライトから連絡が来て、審査と発表の様子が撮影されました。

5　ガンダムとうふシリーズ続編の発売

第3弾「ビグ・ザムとうふ」では原点を確認

　こうしたガンダムシリーズの発売により、おとうふの新しい食シーンを次々に開拓していくことができました。

　次の手を考えたのですが、第3弾は映画やドラマでも、つまらないものになりがちです。私の考えでは、2作目まではスタッフがやりたい放題にやらせてもらえるので、とがっているのではないかと思います。しかし大ファンが増えると、やっている方は次第にファンの要望を取り入れるようになり、ファン自身がステイクホルダーのような感じになり、丸くなり、つまらなくなってしまう。そこで、3弾目に関わることになった際、私は、「そもそも、なぜはじめたか」という原点を確認することにしました。

　「ガンダムが好き」「ガンプラ（ガンダムのプラモデル）が欲しい」。これが私の原点です。この原点に立ち返り、ガンダムファンなら実現してみたい「if」（歴史のifのように、『もしあのときこうだったら、どうなっていただろう』と考えること）について思いめぐらしているうち、ジオン公国の兵器「ビグ・ザム」に思い至りました。

　ジオンは、地球連邦軍に負けてしまう。「ビグ・ザムが量産の暁には、連邦なぞあっという間に叩いてみせるわ」という予言があったのを思い出し、ガンダムファンとしての「if」を実現するために、ビグ・ザムのとうふを量産することにしたのです。

　プラモデルについては、おとうふ史上最大の、箱に入ったメガとうふを発表してみました。「組み立てて食べる」とうふです。あれは、たいへんに大きな箱でした。スーパーの棚でも家の冷蔵庫でも、さぞじゃまになったことだろうと思います。

　「ビグ・ザムとうふ」では、新感覚のおとうふ食シーンとして、ごはん×とうふという組み合わせを考えました。さらに、ジオラマも考案し

ました。ビグ・ザムとともに、ダイコンでつくったミニズゴックなどがいて、対空ミサイルまでついたジオラマでした。ご飯とおとうふに合う形をということで、ケチャップライス・タイプのごはん型抜き容器をつけ、「作戦指令書」と称する指南書も用意しました。

お中元ギフト「ソロモンセット」

この他、お中元ギフト「ソロモンセット」もつくりました。楽天で細々と販売していましたが、2週間で5,000セット売れました。これもツイッターなどで出て、「大戦果」「やっとソロモンの戦いができる」という書き込みが多かったです。しかし、ほとんどの人は、ギフト用でなく自分用に購入していていたようです。

第4弾「トリプル・ドムとうふ」

第3弾から沈黙の5年間を経て、昨年（2015年）、「トリプル・ドムとうふ」を発売しました。チョコレートタイプのとうふです。

ヒットの理由は「しかけ感のなさ」と「まさかの衝撃」

ガンダムシリーズのとうふがヒットした理由について、尋ねられることがあります。私は一つの理由は、「しかけ感のなさ」だと思っています。たとえば、確かに記者発表会はしましたが、プロモーションというより、自分は池田さんに会いたかっただけだった。

あくまで私個人の趣味としてのこだわりのみを貫いたのです。「ガンダムを知らない人でもわかるように」というような親切な配慮も、まったくありません。

また、「おとうふ×ザク」という意外な取り合わせには、「まさか」というインパクトがあったようです。誰もがあきれるだろうし、実際、社内でも私のアイディアに皆、唖然としていました。想像もできないものだったようです。スーパーの人に見せると、「スゲーな、この『ロボコップ』」と言われました。

ヒットするものはえてしてそういうもので、ごく一部の人以外には相

手にされず、ヒットすると「俺は最初から当たると思ってたよ」と言う人が出てきます。誰もが「いける」と思ったものは、そこそこしかヒットしない。

相模屋食料では、市場調査やモニター調査などは、いっさいやりません。ターゲットも販売もデザインも、何もかも私が自分で考えてつくっています。

売れなかった「仮面ライダー 鎧武とうふ」

ガンダムシリーズのヒットで私も調子に乗り、この後に出して大失敗した例があります。「仮面ライダー 鎧武とうふ」です。これはまったく売れませんでした。

バイヤーに見せると、「これはいいよ、うちにどれくらい回してくれる?」という反応があちこちから来ました。初回出荷は36万個でしたが、99%は残ったのではないかというくらい、売れなかった。

6 ナチュラルとうふ 新しい"価値観"を創る

ターゲットはF1層——20〜34歳の女性

ガンダムシリーズのとうふのヒットで最大の収穫は、とうふ市場で初めて、ターゲットを絞ったおとうふがヒットしたということでした。

それまで、とうふというのは、老若男女が「いらない」とは言わないオールマイティな商品でなければいけないと思われていました。それが、30〜40代の男性というニッチなところで売れたわけです。こうしてセグメンテーションして、新しいカテゴリーを創出できる素地ができた。

次のターゲットとして取り組んだのは、F1層と呼ばれる、20〜34歳の若い女性たちです。ダイエットのためにとうふを食べている層です。

おとうふについては、まずくはないが、おいしくもないと感じており、「機能」で食べている。そして、彼女たちには、「おいしい」という価値

軸がなかった。

ファッションショーの晴れ舞台に、おとうふを

　一昨年（2014年）の春、初めて「東京ランウェイ」というファッションショーに行くことになりました。会場で2万人近い女の子たちの姿を見て、びっくりしました。F1の若い女性というと、情報がたくさん入っていて、少しスレていて、同性には厳しい人たちというイメージを、私は持っていました。しかし、ショーで見る彼女たちは、舞台上の女性モデルたちを割れんばかりの歓声で迎えていた。

　企業PRステージも驚きでした。会場にはステージの他に、企業ブースが出ています。F1層はPRでも、テレビショッピングのような反応はしないだろうと、私は穿った見方をしていました。しかし、いざステージがはじまり、皆がモデルを凝視している熱い雰囲気の中で「VICYACLADY（ビキャクレディ）」（編注：MTGの製品で、美脚をつくるバランスサンダル）を見ているうちに、この私ですら買いたくなりました。実際、私と一緒にいた男性は、「VICYACLADY」を購入してしまっていました。

　私はこの熱狂を見ているうち、「ファッションショーのあの晴れ舞台に、おとうふを登場させたい」「女の子たちからキャーキャー歓声を浴びながら、おとうふを見てもらいたい」と思ったのです。

　この私のアイディアに対して、周りは大反対でした。社内からは「社長は騙されている」「一緒にいる外部の人は怪しい」という声が上がり、ファッション界からは、「ファッションをなめているのか」という反応が返ってきました。

　皆反対だったので、この企画には私1人で、思いのままに取り組むことができました。この際、味方はいらないのです。

商品開発

①F1層を自らリサーチ、キーワードは「ナチュラル」

　F1層をターゲットにするにあたり、まず、「F1層とは何か」を考えました。リサーチ会社は大手の会社が使うもので、私たちは中小企業であ

り、強みは機動力です。私は「表参道を歩く」「女性誌を片っ端から読む」「女性の集まる場所に行く」という手法で、1人でF1層のリサーチをはじめました。

　表参道では、パンケーキが流行っていたので行ってみると、並んでいるのは地方の子たちのようでした。F1層がいるのは、定番のチョコレートの店などです。女性誌については、年代別に別々の雑誌に分かれているのも知らないほどでしたが、社員に聞きながら全部読んで、ターゲット層についての感覚を高めていきました。

　女性の集まる場所にも、あちこち出向いて行きました。スーツを着たおじさんがいては浮くのではと最初は心配したが、そんなことはありません。というより、誰もあなたのことなど見ていないのです。そう割り切ると、どこでも行けるようになりました。

　こうしてF1層の観察を重ねるうちに浮かんできたキーワードは、「ナチュラル」でした。モデルも、昔のような細いタイプは終わりで、いまはわりと自然な体系の女性が多いのです。

②新技術で可能になった、スプーンで食べるとうふ

　私は、「ナチュラル」は、「おとうふにぴったり」だと考えました。その頃ちょうど運よく、USS（Ultra Soy Separation）という新しい技術が実用化されていました。USSは、世界で初めて、とうふをクリームと低脂肪豆乳に分けることを可能にした特許技術です。豆乳クリームは不二製油が試作品をつくっていましたが、とうふについては我々が専門なので、一緒に開発に取り組みました。豆乳クリームを使えば、大豆だけで今までなしえなかったコク、うまみ、滑らかさが出せるのです。

　こうして「ナチュラルとうふ」（「マスカルポーネのようなナチュラルとうふ」）が誕生したのです。フレッシュチーズのような味わいで、オリーブオイルをかけ、スプーンでナチュラルに食べる、新しいスタイルのとうふです。

新しい価値軸を表現する

①新しい価値型カテゴリーを創る

　「ナチュラルとうふ」で実現したかったのは、新しい価値軸でした。既存のとうふは、木綿と絹を核にしている。その周辺を製法や形、価格などさまざまな属性が取り巻く。一方、「ナチュラルとうふ」は、木綿と絹とは別の世界のものです。「ひとり鍋」シリーズも同じです。

　「ナチュラルとうふ」では、「価値型カテゴリー」を創りました。価値・機能が最優先で、「私だけ」のものを好み、価格という価値観とは希薄な方々を相手にしています。「ナチュラルとうふ」では、ターゲットの感性と、我々がやりたかったこととが、図らずもマッチしていました。

②「ナチュラルとうふ」、ファッションショーへ

　「ナチュラルとうふ」は、念願かなって、東京ランウェイと神戸コレクションというファッションショーにも登場しました。会場に来ている女の子たちは、最初、秋冬のショーのときは、「なぜ、とうふがここに？」という反応でした。次に春夏のコレクションに出ると、今度はたいへんな反響が返ってきました。

　まず、モデルに、とうふを持ってランウェイを歩いてもらう。そして会場のブースで、とうふのサンプリングをしました。おとうふのブースは、1時間待ちの大行列になりました。女の子たちに、「あのおとうふが欲しい」と思ってもらえたことが、私にはとても嬉しかったのです

③とうふのポテンシャルを広げる：ハロウィン、バレンタイン、カップタイプ、朝食

　「ナチュラルとうふ」がナチュラルチーズ的な価値観で受け入れられたことで、我々は新規ブルーオーシャン市場で、次々に新製品を打ち出しました。ハロウィンでは、期間限定でカボチャ風味のとうふを出しました。バレンタインにはチョコ風味のとうふを発売したところ、大反響を呼び、今は「ナチュラルとうふ　チョコレート味」として定番になり

ました。

　容器も工夫しました。おとうふは、水を切ったり、器に盛ったりしなければならないので、家や料理店でしか食べられない。そこで、「ナチュラルとうふ」はカップタイプも出して、いつでもどこでもおしゃれに食べられるようにしました。
　おとうふは、普通は満量充てんしている。それを、ヘッドスペースといって、容器の上部に空間を空けました。ここにソースをかけて、食べられるようになっている。実は、ヘッドスペースを空けてとうふをパックするのは、技術的には大変なことだったのです。

　おとうふの使用シーンも広げました。実は、おとうふには朝の使用シーンがない。そこで、「F1層×朝食」をターゲットに、朝専用ナチュラルとうふとして、「とうふで、グラノーラ。」を開発しました。神戸コレクションに出ている浦浜アリサさんのプロデュースで、トップモデルの朝食スタイル提案という形で、この3月に発売しました。
　カルビーとコラボした「フルグラ®」バージョンも出ています。カルビーは、「フルグラ®」というグラノーラを、ヨーグルトを食べるための素材に転換しました。ヨーグルトが主役、グラノーラは従というカルビーのお友達作戦に、相模屋食料も加えてもらったわけです。

④植物の時代に向けて
　私は、おとうふをファッションアイテムにして、ファッションショーで女の子からキャーと言ってもらいたいと思った。その夢を実現して、おとうふのポテンシャルをファッションショーで証明することができました。成熟市場であっても、新たな探求の余地はいろいろある。それをせず、さぼっていたのは、とうふメーカーの側だということがわかったのです。
　「ナチュラルとうふ」の開発メンバーは、USS製法による豆乳・とうふの新カテゴリーの製品開発により、「ものづくり日本大賞 経済産業大

臣賞」を受賞しています。

　2015年12月には、不二製油と当社の合弁で、だいずオリジンという会社を立ち上げまして。これから、大豆加工品の商品開発を進めていきます。

　世の中は、動物性の時代から植物性の時代に移行しつつあります。相模屋食料は、すべて植物性の食品で、新しい挑戦を重ねていきたいと考えています。

7　相模屋食料の強み

圧倒的なスピード

　当社の強みは、圧倒的なスピードです。何かをきれいにやろうとは思わない。泥臭く、ど根性で突き進み、壁にぶつかれば、そこから修正していく。ごちゃごちゃ考えず、突き進む。カタカナの英語で話したのでは、社員には伝わらない。だから私は、自分の言葉で話します。そして、何かをやると決めたら、とことんやる。

　必殺技は、最初に出す。ウルトラマンは、必殺技（スペシュウム光線）を最後に取っていますが、最初から出せば、無駄にビルを壊したりせずにすむはずです。必殺技というのはどうせ大したものではなく、また新たな技が出てくる。だから先に出し、勝ち続けることが大事です。

ベーシックな土俵で強みを固める

　イノベーションをはじめるときは、まず地道なベーシックな部分で、誰も取り組んでいないところを見つけて着手すべきです。我々は、まず絹と木綿というベーシックなとうふで強みを固めました。最初に新規カテゴリーを創りたがる人が多いのですが、新しいカテゴリーというのは、市場全体の5%くらいの規模にすぎないのです。

　何かをはじめるとき、特に成熟市場では、勝負は価格しかないと思わ

れがちですが、これは思い込みにすぎない。本当のニッチは何か、考えるべきです。業界というのは、とかく噂が蔓延しているところで、それを信じて常識にしてしまうと、落とし穴にはまってしまいます。我々は木綿と絹に徹底的にこだわり、差別化ポイントを見つけていきました。

　ベーシック商材のよさは、一過性ではない強固な成長イメージを描きやすいところにあります。工夫次第で、成熟市場もおいしいブルーオーシャン市場に変わるのです。

＊この特別講義「なぜ、『ザクとうふ』と『ナチュラルとうふ』はヒットしたのか？」は、鳥越淳司氏（相模屋食料株式会社代表取締役社長）の講演を付録として再録したものである。オリジナルの講義録は、法政大学大学院イノベーション・マネジメント研究科の「マーケティング論」（2016年5月19日）での鳥越氏の特別講義「成熟市場でのイノベーション：成熟市場の中で、9年で売上高5倍、前人未到の歩き方」を、青木恭子さん（小川研究室・リサーチアシスタント）が原稿の形に整理してくれたものである。最初に、講義当日に司会進行役の務めた小川が、簡単な解説を加えてある。

エピローグ

　私が子供だった昭和30〜40年頃、「無人島に一つだけ持って行けるとしたら何を持って行く？」という質問を友達同士でよくしたが、ほぼ全員が「テレビ！」と答えた。今、大学の授業で同じ質問をすると、ほとんどの学生が「スマホ！」と答える。「そうだろうな」と納得しつつ、若干の寂しさを覚える瞬間である。
　メディアにおける「雀百まで踊り忘れず」理論というのがある。人は、多感な成長期にもっとも接したメディアを一生愛する傾向があるというのだ。それは、そのメディア（のコンテンツ）を通して心の中にしっかりと刻み込まれたメディアへの記憶である。それは、私たちの世代にとってはテレビであり、今の若者たちにとってはスマートフォンである。
　人間のコミュニケーションの変遷は、メディアの進化と符号するが、本書で提示してきたように、スマートフォンの普及によるソーシャルメディアの進展と主幹メディアの世代交代によって情報伝播のあり方は大きく変わってしまった。
　また、その現状とて新たなメディアプラットフォームやデバイスの登場、それと呼応する制度や生活者の欲望によって、すぐに変化してしまうのだろう。
　ともすると、研究現場では実際のメディアの変化の速さについていけていない旧態依然とした研究発表を聞くことがあるが、私たちは現実に行われているメディア・コミュニケーションの現状に真正面から向き合い、その情報伝播のメカニズムに取り組んだ。新たな知見も得たが、仮説の域を出ない発見も含んでいる。
　しかし、メディアという日々刻々と変わる生き物を前に、それで良しとした部分もある。とにかくメディアの「今」をとらえたかった。『方丈記』ではないが、メディア・コミュニケーションの流れも絶えずして、留まるところはない。
　本研究において掬いだしたその知見は、すぐに新たな流れに飲み込ま

れるかもしれないが、次の研究につながる意味のある道程になったと確信している。

本研究に携わったのは、マーケティングとメディア・コミュニケーションの研究者および実務者たちである。法政大学大学院の小川教授を全体のリーダーとして、「メディア環境調査・分析チーム」と「情報伝播シミュレーションモデルチーム」の2チームで、先行研究、取材、仮説の導出、事例による検証、検証の一般化、伝播シミュレーションの作成という形で進めていった。

また、この研究は、公益財団法人 吉田秀雄記念事業財団の研究助成金（2年間）によって行われたものであるが、チームごとの研究会、全体研究会（土葉会）、夏合宿、関係者取材などを含め、およそ20数回の議論がなされている。その間、2度「日本マーケティング・サイエンス学会」(2015年6月・大阪府立大学、2016年6月・東北大学) にて研究発表を行った。

それぞれ皆、研究や実務の最前線で多忙であり、仕事終わりや休日などに時間をつくって、問題提起から検証、結論、執筆までを行った。毎回の議論は、常にアグレッシブに展開され、新たなメディア仮説の発見やその分析・検証などが賑やかに行われる場であった。それぞれ立派な経歴や肩書きもある先生たちが、アイドルやキャラクターを熱く論じるその光景は、少年たちの遊びの場と見がまうばかりの盛り上がりを呈していた。

本書は、その研究成果を書籍化したものである。しかし、諸般の事情で検証事例1に関してタレント名を入れることが叶わず「アイドルA」となった。残念なかぎりである。本書のベースとなった研究報告書作成の際、メディアの現状に関する取材に快く応じてくれた放送作家・金森匠氏、博報堂DYメディアパートナーズ・メディア環境研究所の加藤薫氏、日テレアックスオンのS氏、Yahoo! JAPANの伊藤儀雄氏、有吉健郎氏、三村友理氏、八木田愛美氏にまず感謝の意を表したい。そして、相模屋食料の鳥越淳司社長には、事例研究において貴重なお話を聞かせていただき、さらに特別講義議事録も掲載させていただいた。深く感謝

したい。

　そして、小川研究室アシスタントの青木恭子氏には、研究会や夏合宿の際の書記や資料検索、研究計画書におけるフォーマット統一など幅広く担当してもらった。

　また、生産性出版の村上直子氏のアドバイスによって、研究論文が大学生やメディア業界を目指す読者にも手に取りやすいものとなった。両氏に心より感謝するしだいである。

＊本研究は、公益財団法人 吉田秀雄記念事業財団の研究助成を受けて行われたものである。また、法政大学イノベーション・マネジメント研究センターの出版助成によって書籍化することができた。ここに改めて感謝の意を表したい。

2017年2月吉日
岩崎　達也

〈研究メンバー〉
リーダー：法政大学大学院イノベーション・マネジメント研究科教授　　小川　孔輔
「メディア環境調査・分析チーム」
九州産業大学商学部教授　　岩崎　達也
朝日大学経営学部教授　　中畑　千弘
株式会社日経リサーチ　CRM事業本部 顧客データ開発部 担当部長　　佐藤　邦弘
株式会社アサツー ディ・ケイ　キャラクター総研リーダー　　野澤　智行
「情報伝播シミュレーションモデルチーム」
法政大学大学院イノベーション・マネジメント研究科兼任講師　　木戸　茂
拓殖大学商学部教授　　北中　英明
株式会社ビデオリサーチ　ソリューション推進局
　コミュニケーション事業推進部専門職部長　　鈴木　曉
株式会社ゴーガ解析コンサルティング　代表取締役　　中村　仁也
※研究メンバーの肩書きは、助成研究実施時（2014〜2015年）のものである。

付録1
各商品の購買履歴と各指標の時系列推移比較（サントリー）
「レモンジーナ」（3月31日発売）

■Twitter×商品購入

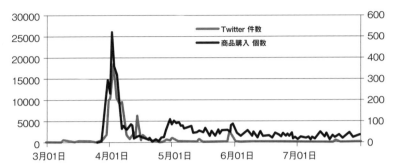

■検索件数と商品購入数推移

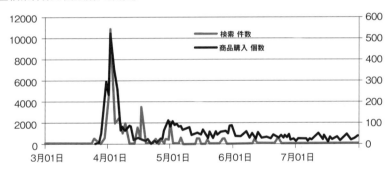

■世帯GRPと商品購入数推移

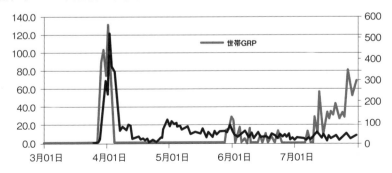

「ヨーグリーナ」（4月14日発売）

■Twitter×商品購入

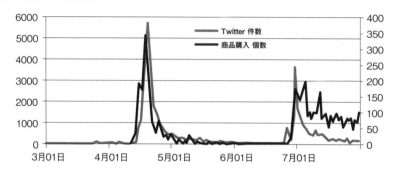

■検索件数と商品購入数推移

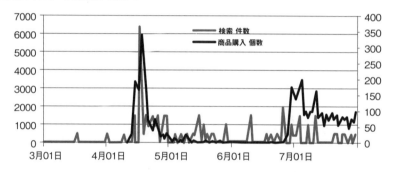

■世帯GRPと商品購入数推移

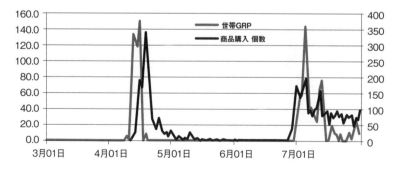

「オランジーナ」（2012年3月27日発売）

■Twitter×商品購入

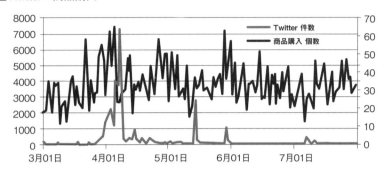

■検索件数と商品購入数推移

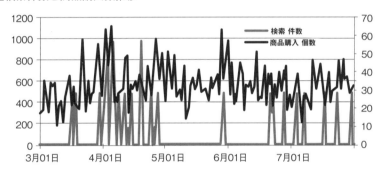

■世帯GRPと商品購入数推移

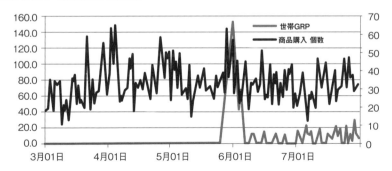

「南アルプスの天然水」(1991年発売)

■世帯GRPと商品購入数推移

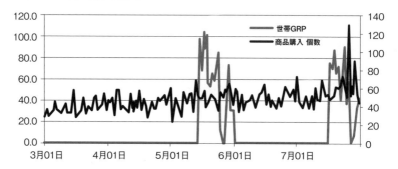

付録 2
エージェントシミュレーションの様子

》 図表6-8　**初期配置**

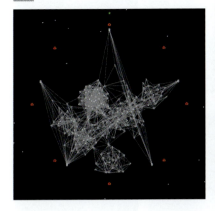

》 図表6-9　**情報伝播の様子**

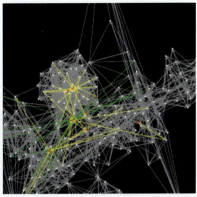

》 図表6-19　**コクーン間の情報の飛び火**（tは時刻）

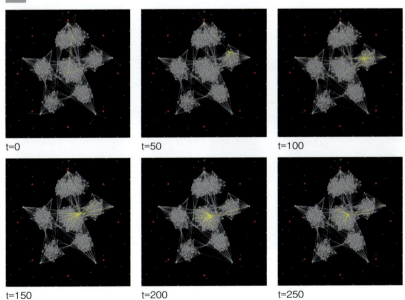

» 図表6-23　メディアの拡散機能を入れた場合の情報拡散の様子

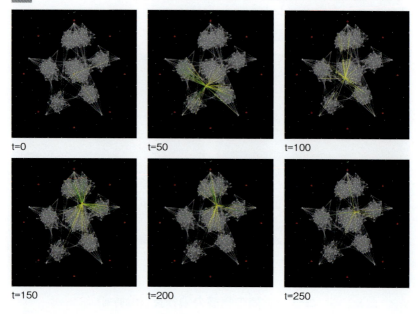

t=0　　　　　　　　t=50　　　　　　　　t=100

t=150　　　　　　　t=200　　　　　　　t=250

» 図表6-28　情報アーカイブの表現

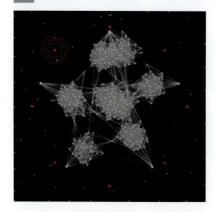

》 **図表6-29　情報が検索され再投入される様子**

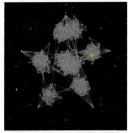  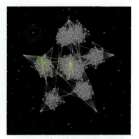

右側のコクーンに対して情報が投下された。

最初のムーブメント。右側のコクーンで情報が検索され、再投入される。

アーカイブの情報が他の興味関心領域を持つ中、左のコクーンに飛び火した。

》 **図表6-30　大きなムーブメント発生の様子**

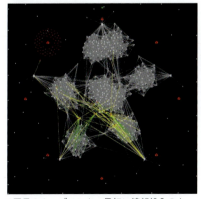 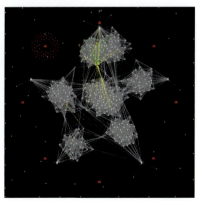

2回目のムーブメント。最初に情報投入のあった右のコクーンでは既に火が消えているが、まったく別のメディア（下方）が多くの情報を掘り出し、沸騰している。

3回目のムーブメント。上のコクーンで拡散発生

» 図表6-36　**t=600での様子**

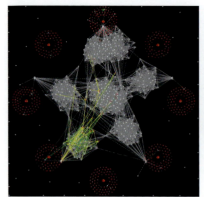

時刻t=600、1つのコクーンだけで盛り上がる様子。左下のコクーンが発火中

» 図表6-37　**t=750での様子**

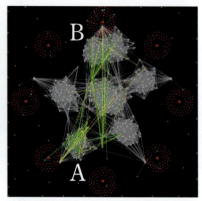

時刻t=750、左下コクーンから上方のコクーンに飛び火

» 図表6-39　**t=1250での様子**

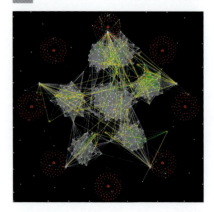

参考文献

- 朝倉利員（2011）「ソメイヨシノ開花予測のための一般化モデルとパラメータの最適化法」『社団法人日本気象学会大会講演予講集』99、392頁、2011年4月30日。http://ci.nii.ac.jp/lognavi?name=nels&lang=jp&type=pdf&id=ART0009759760
- 和泉潔（2002）「人工市場の作り方―ヤッコーと呼ばれないために」『システム／制御／情報』46,N0.9, pp.547-554。
- E.カッツ, P.F.ラザースフェルド／竹内郁郎訳（1965）『パーソナル・インフルエンス』培風館（Katz, E. and P.F.E. Lazarsfeld (1955) /Personal Influence, Free Press）。
- J.T.クラッパー／NHK放送学研究室訳（1966）『マス・コミュニケーションの効果』日本放送協会（Klapper, J.T. (1960) /The Effects of Mass Communication, The Free Press）。
- 里村卓也、濱岡豊（2007）「eクチコミを考慮した新しい広告効果測定体系に関する研究」、平成18年度吉田秀雄記念事業財団研究助成報告書。
- 澁谷覚（1999）「関係性マーケティングの限界と電子コミュニティ ケース編・分析編『踊る大捜査線』」慶応義塾経営管理学会リサーチペーパーNo.65。
- 博報堂DYメディアパートナーズ・博報堂「ニュースリリース」（2014年8月22日）。
- 博報堂DYメディアパートナーズ編（2015）『広告ビジネスに関わる人のメディアガイド2015』宣伝会議。
- R.D.パットナム／柴内康文訳（2006）『孤独なボウリング』柏書房（Putnam, R.D. (2000）, Bowling Alone: The Collapse and Revival of American Community, Simon and Schuster）。
- 濱岡豊（1994）「クチコミの発生と影響のメカニズム」『消費者行動研究』Vo2. No.1, pp.29-73。
- 濱岡豊、里村卓也（2009）『消費者間の相互作用についての基礎研究―クチコミ、eクチコミを中心に』慶應義塾大学出版会。
- A.L.バラバシ／青木薫訳（2002）『新ネットワーク思考』、日本放送出版協会（Barabási, A.L. (2002）, LINKED: The New Science of Networks, Perseus Pub.）。
- 山本晶（2014）『キーパーソン・マーケティング』東洋経済新報社。
- 吉田就彦、石井晃、新垣久史（2010）『大ヒットの方程式 ヒット現象を数理モデルで数式化する』ディスカバー・トゥエンティワン。
- P.F.ラザースフェルド他著、有吉広介監訳（1987）『ピープルズ・チョイス』芦書房（Lazarsfeld, P.F., B. Berelson and H. Gaudet (1944) The People's Choice -How the Voter Makes Up His Mind in a Presidential Campaign, Duell, Sloan and Pearce）。
- E.ロジャース／藤竹暁訳（1966）『技術革新の普及過程』培風館（Rogers, E. M. (1962) Diffusion of Innovations (1st ed.), Free Press）。
- D.ワッツ／辻竜平、友知政樹訳（2004）『スモールワールドネットワーク』、阪急コミュニケーションズ（Watts, D. (2004) Six Degrees: The Science of a Connected Age, W. W. Norton & Company）。
- Bass, F. (1969). "A New Product Growth for Model Consumer Durables". Management Science, 15 (5) : p215-227.
- Granovetter, M.S. (1973) "The Strength of Weak Ties", American Journal of Sociology, Vol. 78, No. 6., May 1973, pp.1360 -1380.
- Hall, S. (1973) "Encoding and Decoding in TV discourse," S. Hall ed.,Television Discourse Centre for Contemporary Cultural Studies, Hutchinson.
- McQuail, D., J.G. Blumler, and J.R. Brown (1972) The Television Audience: A Revised Perspective, NYU Press.
- Morley, D. (1980) The Nationwide Audience: Structure and Decoding, British Film Institute.
- Schramm, W.L. (1954) The Process and Effects of Mass Communication, University of Illinois Press.
- Wilensky, U. (1999). NetLogo. http://ccl.northwestern.edu/netlogo/. Center for Connected Learning and Computer-Based Modeling, Northwestern University, Evanston, IL.
- Yamamoto, H. and N. Matsumura (2011) "Marketing Ecosystem: The Dynamic of Twitter, TV Advertising, and Customer Acquisition", AAAI Workshop Technical Report, WS-11-02, pp. 45-52.

編著者プロフィール

岩崎達也（いわさき・たつや）
関東学院大学経営学部教授、法政大学大学院イノベーション・マネジメント研究科兼任講師。1981年博報堂入社。コピーライターとして「サントリー」「JRA」などの広告制作。92年から日本テレビ放送網へ。宣伝部長、編成局エグゼクティブディレクター、日テレアックスオン執行役員、九州産業大学商学部教授を経て現職。多数の広告賞を受賞。著書『実践メディア・コンテンツ論入門』（慶應義塾大学出版会）『日本テレビの「1秒戦略」』（小学館新書）ほか。

小川孔輔（おがわ・こうすけ）
法政大学大学院イノベーション・マネジメント研究科教授。日本フローラルマーケティング協会会長（創設者）。MPSジャパン創業者（取締役）。オーガニック・エコ農と食のネットワーク（NOAF）代表幹事。主な著書に、『マクドナルド　失敗の本質』（東洋経済新報社）『CSは女子力で決まる』（生産性出版）『マネジメント・テキスト　マーケティング入門』（日本経済新聞出版社）ほか多数。

執筆メンバー・プロフィール

佐藤邦弘（さとう・くにひろ）

早稲田大学大学院理工学研究科修了、法政大学大学院イノベーション・マネジメント研究科（MBA）修了。日本マーケティングサイエンス学会、人工知能学会所属。株式会社日経リサーチにて、ネット調査システムの開発、ブログ分析サービス事業の企画・開発、CRM分析事業を担当。専門分野は、CRMデータ分析、ソーシャルメディア分析、定性データの分析と可視化。

中村仁也（なかむら・じんや）

東京大学大学院数理科学研究科博士課程修了、博士（数理科学）。社会現象の複雑性に注目し、マルチエージェントシミュレーション、ダイナミックゲーム理論等を用いた社会、経済、環境、マーケティングなどのモデル化とシミュレーションに携わる。2016年より株式会社ゴーガ解析コンサルティング代表取締役。

中畑千弘（なかはた・ちひろ）

大学卒業後、株式会社富士銀行入行。株式会社富士総合研究所にて産業調査、経営戦略研究に携わり、ラジオ局の番組編成コンセプトの立案、消費者行動類型の構築などを行う。その後、株式会社MMN設立に参画し、テレビ視聴質分析などを行う（〜現在）。2007年朝日大学経営学部教授、2013年からマーケティング研究所所長を兼任。

野澤智行（のざわ・ともゆき）

株式会社アサツー ディ・ケイ キャラクター総研 リーダー。デジタルハリウッド大学大学院客員教授。1987年ビデオリサーチ、1998年アサツー ディ・ケイ入社。研究開発部門やプランニング部門を経て、キャラクターやコンテンツ全般の開発・活用提案からイベント・キャンペーンプロデュース、効果測定・分析等の業務を担当。大学や各種セミナーでの講演や論文執筆多数。日本マーケティング・サイエンス学会、日本広告学会所属。

法政大学イノベーション・マネジメント研究センター叢書14

メディアの循環
「伝える」メカニズム

2017年2月28日　第1版　第1刷
2018年5月25日　　　　　第2刷

編著者　岩崎達也　小川孔輔
発行者　髙松克弘
発行所　生産性出版
　　　　〒102-8643　東京都千代田区平河町2-13-12
　　　　　　　　　　日本生産性本部
　　　　　　　　　　電話03-3511-4034

印刷・製本　シナノパブリッシングプレス
カバー＆本文デザイン　エムアンドケイ
編集担当　村上直子　米田智子

乱丁・落丁本はお取りかえいたします。
©Tatsuya Iwasaki, Kosuke Ogawa and The Research Institute for Innovation Management,
Hosei University.2017　Printed in Japan
定価はカバー裏に表示してあります
ISBN 978-4-8201-2064-3 C2034